从游戏的理论到实践

用教师的**玩**支持孩子的**学**

[美] 玛西娅·内尔·沃特·德鲁 黛博拉·布什 著
贾莎莎 / 译

from Play to Practice

Connecting Teachers' Play to Children's Learning

华东师范大学出版社
·上海·

图书在版编目（CIP）数据

从游戏的理论到实践：用教师的玩支持孩子的学/（美）玛西娅·内尔，沃特·德鲁，黛博拉·布什著；贾莎莎译.—上海：华东师范大学出版社，2020
ISBN 978-7-5760-0906-4

Ⅰ.①从… Ⅱ.①玛… ②沃… ③黛… ④贾… Ⅲ.①学前儿童—游戏课—教学研究 Ⅳ.①G613.7

中国版本图书馆CIP数据核字（2020）第239128号

From Play to Practice: Connecting Teachers' Play to Children's Learning by Marcia L. Nell, Walter F. Drew, Deborah E. Bush
Copyright © 2013 by National Association for the Education of Young Children
This translation is published by arrangement with National Association for the Education of Young Children.
All Rights Reserved.

上海市版权局著作权合同登记 图字：09-2018-666号

从游戏的理论到实践：用教师的玩支持孩子的学

著　　者　（美）玛西娅·内尔　沃特·德鲁　黛博拉·布什
译　　者　贾莎莎
责任编辑　余思洋
责任校对　杨月莹　时东明
装帧设计　俞　越
封面作品　赵　奇

出版发行　华东师范大学出版社
社　　址　上海市中山北路3663号　邮编 200062
网　　址　www.ecnupress.com.cn
电　　话　021-60821666　行政传真 021-62572105
客服电话　021-62865537　门市（邮购）电话 021-62869887
地　　址　上海市中山北路3663号华东师范大学校内先锋路口
网　　店　http://hdsdcbs.tmall.com/

印刷者　浙江临安曙光印务有限公司
开　　本　787毫米×1092毫米　1/16
印　　张　12.75
字　　数　173千字
版　　次　2020年12月第1版
印　　次　2023年7月第3次
书　　号　ISBN 978-7-5760-0906-4
定　　价　55.00元

出版人　王　焰

（如发现本版图书有印订质量问题，请寄回本社客服中心调换或电话021-62865537联系）

译　序

学前教育领域关于游戏的研究方兴未艾，《幼儿园教育指导纲要（试行）》中明确提出"幼儿园教育应尊重幼儿的人格和权利，尊重幼儿身心发展的规律和学习特点，以游戏为基本活动"。《幼儿园工作规程》指出幼儿园要"以游戏为基本活动，寓教育于各项活动之中"。《3—6岁儿童学习与发展指南》中强调"理解幼儿的学习方式和特点。幼儿的学习是以直接经验为基础，在游戏和日常生活中进行的。要珍视游戏和生活的独特价值，创设丰富的教育环境，合理安排一日生活，最大限度地支持和满足幼儿通过直接感知、实际操作和亲身体验获取经验的需要，严禁'拔苗助长'式的超前教育和强化训练"。

《幼儿园教师专业标准（试行）》在幼儿园教师的专业理念与师德部分明确提出"重视环境和游戏对幼儿发展的独特作用，创设富有教育意义的环境氛围，将游戏作为幼儿的主要活动"；在专业知识部分强调"掌握幼儿园环境创设、一日生活安排、游戏与教育活动、保育和班级管理的知识与方法"；在专业能力部分，更是着重强调了"游戏活动的支持与引导"能力，要求幼儿教师能够"提供符合幼儿兴趣需要、年龄特点和发展目标的游戏条件""充分利用与合理设计游戏活动空间，提供丰富、适宜的游戏材料，支持、引发和促进幼儿的游戏""鼓励幼儿自主选择游戏内容、伙伴和材料，支持幼儿主动地、创造性地开展游戏，充分体验游戏的快乐和满足""引导幼儿在游戏活动中获得身体、认知、语言和社会性等多方面的发展"。

可见，随着几代幼教人的努力，幼儿园教育的研究重点从"教"转变为

"玩"，游戏的重要性日益凸显，游戏对幼儿发展的促进作用不断被证实。学前教育领域对游戏价值的论证，对游戏环境的创设、游戏材料的投放、游戏观察和游戏支持的研究如火如荼地进行着。大多数幼教工作者及家长对这一变化拍手称赞，但也有小部分教师和家长对此并不适应，甚至颇有微词：如果以"游戏"为主导了，那"教学"怎么办？以"幼儿"为本位了，那"教师"要如何自处？如果都提倡"玩"了，那如何更好地"学"？这些疑问与困惑，不仅关系着教师的专业发展，还影响着家园合作和儿童发展。怎样才能更好地落实"以游戏为基本活动"？如何才能真正做到"寓教于乐"？怎样才能将理论知识切实运用到实践中？这是教师、家长和其他关心儿童发展的人都亟待解决的三大问题。

这本书的作者长期从事游戏理论研究和实践。三十多年来，其团队在美国通过职前教师培养、在职教师培训、游戏工作坊、研讨会及游戏论坛等形式，与全美幼教协会、各州游戏委员会及其他相关组织合作，发动学校、家庭、企业及社区的力量，不遗余力地以实际行动推进美国儿童游戏的发展。这本书是该团队过去30年科学研究及团队成员个人经验的总结，案例翔实且通俗易懂，具有较好的实用性和借鉴作用。

全书共分为十章，第一章为绪论，主要介绍了本书的写作目的。第二章到第五章，介绍了游戏相关的理论知识。包括自主游戏的概念及原则，不同流派的游戏理论，游戏的价值，低结构材料、自主游戏的概念及游戏教练的基本素养。第六章到第十章，结合游戏工作坊的真实案例及游戏工作坊参与者的反思日志，对教师的游戏实践进行了更为详细的介绍，提出了大家携手努力共同推进游戏发展的倡议。本书用大量真实案例证明：**教师通过亲自参与游戏，将自己变为游戏者，换位思考，才能更深刻地理解孩子们的游戏需求；才能更充分地体验游戏的魅力、提高游戏的能力；才能更合理地为孩子们创设游戏环境、提供游戏材料；才能更有效地支持游戏的开展，丰富孩子们的经验，促进深度学习；才能真正落实游戏精神，切实做到"寓教于乐，从玩中学"。**

在翻译本书的过程中，我有幸得到了许多的帮助，尤其要感谢恩师华爱华教授引领我走进儿童游戏的世界，建立良好的儿童观、游戏观；感谢南京师范大学学前教育博士研究生赵奇对书稿的核心概念进行论证;感谢华东师范大学出版社余思洋编辑的支持和理解;感谢苏州幼儿师范高等专科学校愉悦融洽、积极向上的工作氛围;感谢家人对我无条件的支持和无限多的爱。

尽管在翻译过程中用心推敲、字斟句酌,力求体现原著精髓,但依旧难免出现疏漏不当之处,敬请各位读者及专家同行批评指正,欢迎提出宝贵的意见和建议。

贾莎莎

2020年4月25日

序 一

为什么这本书在今天如此重要？因为无论是过去还是现在，游戏都常被认为是一种轻浮的活动，有时甚至被认为是不虔诚的和有罪的。纵观游戏理论研究史及关于游戏和教育关系的讨论，最普遍的主题是"游戏在学习中的价值随着孩子的成熟而减少"。我们常常忘记游戏是人类最自然的学习方式之一。在我们的课程中，随着孩子动手技能和概念理解能力的提高，游戏逐渐让位于正式的学习和工作。成人如此热衷于让孩子学习各类特定的信息，这使那些有意为之的游戏时间以及游戏所提供的创造性和娱乐性等各种益处都被抹杀了。实际上据我观察，每个人在不同的人生阶段都能从游戏中学习，并因游戏而充满活力。

每一代人似乎都在掩盖真相之后再揭露它，或者重新发现游戏的价值。我们必须重新认识到，游戏能让孩子和成人以更积极的方式学习和互动。游戏是永恒的，在生命过程的所有阶段中，游戏都是人类成长和发展的中心。每隔几年，我们就会迎来新的研究发现和新的游戏模式。每隔几年，我们都需要重新审视和确认支撑游戏的基础，游戏是人类发展中最自然的一部分。

这本书让我们再次踏上揭开游戏神秘面纱的旅程。它提醒我们游戏的某些方面对儿童的成长及发展至关重要。不仅仅是教育工作者和儿童发展专家，普通大众也越来越清楚地认识到，游戏和缺乏游戏对儿童的成长和发展都有着重要的影响。这些影响包括：

◎ 课间休息时间的取消及其与儿童肥胖率增加之间的关系。
◎ 双语学习者的游戏体验及其对语言发展的影响。

◎ 游戏对婴儿的刺激及其对大脑发育的影响。

◎ 通过探究去发现教育性游戏是如何与儿童的天性渐行渐远的。

◎ 计算机和商业主义对游戏私人化的影响。

这本书提供了什么独特的（或新的）信息呢？ 本书作者将自主（动手操作的、开放性的）游戏作为自然的学习过程，这一过程为个人（无论是儿童还是成人）提供了最深远的意义和最有效的学习方式。作者仔细梳理了支持使用游戏来促进学习和情感发展的相关研究及最新发现。

作者帮助我们理解什么是自主游戏的热情和他们写这本书的承诺源于他们自己对儿童和成人游戏艺术的理解和成功实践。通过这本书中的轶事，自主游戏模式变得鲜活起来，你将看到游戏重新展露它的真面目，这对所有人来说都是一种积极的变革性的体验。

这本书提醒我们，自主游戏的过程是我们所有人都能够体验的。通过它，我们了解了游戏的理论；我们与自己内心深处的孩子建立了联系；我们变得更有能力识别和分析我们在自身所扮演的角色（如教师、导演、政策制定者或家长）中可能遇到的障碍。而且，这本书会引发我们的思考：如果成人有意地体验这种自主游戏，我们会因此使幼儿的学习环境更加丰富，使他们的学习内容更加吸引人、更加有意义吗？

本书作者总结了他们在参与自我教育学院，全美幼教协会的游戏、政策和实践兴趣论坛，各州和地方的幼教协会分支机构以及可回收资源中心举办的游戏工作坊的过程中获得的成功经验及失败教训。在过去三年中，自我教育学院的游戏工作坊在全国和各州幼教协会的研讨会上进行了测试，并在12个州的幼教协会附属机构中得到采用。在撰写本文时，另外八个州的附属机构正在考虑该模式的推广。我之所以强调它的发展，是因为它是一种成功的模式，能对许多国家目前的研究和实践产生影响。除此之外，它还是一种便于教师复制和使用，以吸引学生和家长的模式。当然，这一模式对行政人员、培训人员、学院讲师及助教、幼教协会附属机构（州和地方）、父母、儿童看护机构、社区改进组织及教育政策制定者同样适用。

我愉快地参加了自主游戏工作坊,深知其价值。这是一个有趣的模式。游戏工作坊为人们提供了新的见解,对游戏效果与学习的关系提出了挑战性的观点。它可以使你接触父母和决策者,并显而易见且始终如一地提供积极的成果。阅读并理解本书所阐述的内容是一回事,但真正参与到游戏过程里、沉浸在游戏中,有意识地反思你的个人经历,又是另外一回事,后者将对你在孩子们的教育中所扮演的角色以及你整个的人生观都产生更为积极的影响。

希望这本书能启发大家给孩子们更多的机会去游戏,这样孩子们就能在游戏过程中,在有意义的知识和智慧中,不断学习、自然生长。

埃德加·克鲁格曼　教育博士
惠洛克学院名誉教授
2012年8月28日

序 二

正如本书作者所强调的那样，针对成人的自主游戏工作坊总是用以下说明作为开场白："请不要讲话。"怎么会这样呢？因为成人总是在说话。尤其是在课堂上，教师比大多数人都讲得多。许多教师认为自己"只有在说话的时候才在教学"（就算不少教师不赞同这一观点，但许多教育管理部门的领导却对此深信不疑）。

大多数针对教师的工作坊和培训都是从语言讲授开始的，现场每个人都彬彬有礼地端坐聆听（成人是如此擅长静坐不动）。成人的活动并不是从物质材料的操作开始的。跟成人恰恰相反的是，小朋友们最不擅长的就是坐着不动，所以我们让他们尽情地玩各类操作材料，一直玩到上课时间为止。因此，成人需要不断练习以便回忆起学习中的儿童是什么状态。

这些年来，只要有机会我就会去参加由本书作者组织的游戏工作坊。这些工作坊主要聚焦于成人的游戏体验，引导参与者将注意力放在物质世界中。对物质世界的探索就是孩子们学习的开始，在这里，他们探索自己的身体、思考自己能做什么、探寻周围的各类物品及材料：这是什么？它有什么功能？我能用它来做什么呢？

认知心理学家皮亚杰将知识分为了三大类，依次是：物理知识、社会知识和逻辑知识。物理知识是人的身体在与物质环境的相互作用中获得的。婴儿是身体和物质环境的非常积极的探索者：我能做什么？这是什么东西？成人已经内化了大部分的知识（因此他们对周围的事物总是习以为常），除非他们遇到新的和意想不到的事物，他们才会再次接受挑战，从而成为探究者。

社会知识是我们从人类社会中学习到的所有内容，包括：所有需要记忆的事实、将我们联系在一起的规则、我们所说的语言等。这些东西是通过模仿、识记等而学到的。这些知识是从更有学问的人（例如给我们传授社会现有知识的教师）那里学到的。这种学问首先被研究出来，然后被传承下去。社会知识的拥有者决定何时传递它。他们掌握着权力，测试你是否遵守了他们的规则。

如果我们正在学习一项复杂的任务，如教学或技术，最初将其作为社会知识记忆可能是一条有用的捷径。新教师有时会说："告诉我怎么做就行了。我没有时间和精力自己去弄明白，我像是溺水，简直快要淹死了。"但这只是权宜之计。最终，我们需要从根本上解决问题，我们必须从逻辑上进行思考。

逻辑知识是学习者通过对经验的思考而建构起来的。如果你仔细研究孩子们学习语言的方式，你就会发现：孩子们首先是通过模仿来学习的。刚开始他们只是简单的模仿，然后随意地组合拼读这些词汇，后来他们根据所学内容开始发明自己的语法，只有当自己尝试创造语法时，孩子们才真正开始理解这门语言，探究语言到底有什么用。

物理知识是直观的，逻辑知识是理性的，两者都能给予个体比社会知识更大的力量，使个体在这个世界上胜任工作、执行任务、做出决定。物理知识和逻辑知识赋予个体和群体能力，而这些人在其他方面不一定能获得这种能力。个体和群体都是通过游戏来学习的。

对游戏的掌握是孩子们最重要的发展任务。原因之一是孩子们做好了充分的准备——这是他们能做的最好的事情，另一个原因是孩子们永远不会再有足够的时间无忧无虑地从头经历一遍游戏期，因为随着孩子们一天天长大，有人（家长、教师等）会抓住他们，开始教他们所谓的重要的社会知识，让他们对自己的行为负责任，从而帮助这个世界更好地运转。

物质材料是游戏发生的前提——物质材料包括任何你能拿到的东西。正如霍金斯（2002，52）所言，"教师对游戏最主要的贡献就是创设良好的物理环境，布置适宜的游戏区域。在儿童发展的过程中，他们首先获得的是物理知识。孩子们仿佛需要探寻全世界的物质材料才能满足他们发展的需求，只有先有'它（物质材料）'，才会有'我'和'你'共同感兴趣的东西"。在组织孩子们参与游戏的过程中，成人扮演的重要角色是游戏材料的提供者——为孩子们提供游戏中需要的物品、材料和道具。"游戏是否发生及游戏水平如何，都取决于成人是否能创设适宜的环境，包括提供足够的空间、时间和材料（Jones和Reynolds，2011，21）。"

但是，这些游戏材料从哪里来呢？所有幼儿园都有专门为孩子的玩准备的玩具，其中一部分材料确实比另一些更能激发想象力，培养实验能力。一些幼儿园会提供大量的操作工具和材料，鼓励孩子们用纸张和马克笔、黏土和颜料、水和水桶来进行创作。另一些幼儿园特别注重从大自然中挑选沙子、石头、贝壳、松果，甚至还包括一些生活在大自然中的生物。还有一些幼儿园富有想象力地使用从商场和工厂回收的材料（在这本书中介绍的工作坊里有很多这样的材料）。只有通过对数百种语言（表达方式）进行有趣的探索，儿童和成人才能就经验的表达方式达成一致，才能在一起愉快地学习（Edwards等，1998）。

与我们熟悉的玩具种类相比，在针对成人的自主游戏工作坊中提供的许多物品都令人耳目一新：它们不是我们习以为常的玩具类型。这本书中描述的工作坊体现了一种日益普及的运动，即将可回收材料融入到科学、数学和艺术的动手学习的过程中，同时也将其融入到所有年龄段的通过游戏进行的学习中。游戏工作坊的产生不仅是出于对环境（自然的和人造的）的关注，也是源自"主动学习是最重要的一种学习方式"的信念。

正如托帕尔和甘迪尼（1999）所倡导的那样，可回收材料，比如那些来自制造业或其他行业的材料，可以是很美的东西。这些东西很少出现在大多数人的生活中。对于植物学家而言，他们可能很熟悉自然界的东西，但对于我们其他人来说就不一定了。我曾经在南加州的一次全美会议上把非常大的黄松松果加入到游戏材料中，其中一个参与者请求我允许她把松果带回波士顿，因为她以前从未见过它们，所以想把它们介绍给自己的孩子们。

成人的游戏权利经常会被剥夺。这本书提出了一个新的挑战，即成人通过重新发现自主游戏的乐趣并反思自己的游戏经验来建构对儿童学习过程的理解。

在我的理解中，游戏总是积极主动的。为了记录我们关于游戏使人变得聪明的想法，库珀和我开玩笑地发明了这些字典式的定义来反映21世纪初儿童早期教育的情况（Jones和Cooper，2006，8）：

1. 游戏，不及物动词：选择做什么，实施并享受它。
2. 聪明的，形容词：乐观而有创造力地面对未知事物。

孩子们通过游戏"变得"聪明，成人通过游戏"保持"聪明。 作为一名教师或家长，在面对未知的时候保持乐观和创造性是很重要的，因为教学和养育孩子的结果是无法直接预测的。当我们扪心自问：如果我这样做，会发生什么？其实此时我们对答案真的不确定。

有些游戏（例如想象性游戏）发生在人们的想象中，仅存于个体的头脑中。有些游戏（例如语言游戏）发生在人们的交谈中，是思维的共享。但无论我们是3岁还是43岁，利用游戏材料（物质世界中的事物）开展的游戏都占绝大多数，是游戏活动的基础。"材料"提供了"IT"，即以有关社会关系和知识的社会建构为中心的信息技术。科学教育家大卫·霍金斯（2002，54）解释说："你之所以成长为一个人，需要感谢在你的教育过程中接收了来源于自然界和只有人类才能提供的事物的联合信息。"

包括艺术、材料、数学、写作和口语在内的所有人类使用的语言，都被有机会游戏的孩子们拿来探索、练习和实验。然后，这些语言被用来建构逻辑知识。逻辑知识包括事物之间的关系以及对假设的检验：如果我这样做会发生什么？孩子们要想成长为有能力的人，就需要同时获得物理和逻辑知识。这两类知识的确无法通过其他方式获取，只能在游戏中获得。

游戏的价值不仅仅是"有趣"。 游戏是身体技能和思维技能的习得。当你还小的时候，玩是自发的。你立刻、随时都能玩，但如果你想玩得更熟练，就要在长大后仍然保持游戏的习惯。虽然孩子们对这个世界还不太熟悉，但他们却深刻明白这一道理。遗憾的是，作为成人，我们可能反而需要被提醒。幸运的是，游戏工作坊就是很好的提醒机制。

在这些游戏工作坊中,参与者被要求去"行动"和"反思"。反思是表现一个人所做所想的过程,可把它保存下来,以便回头再思考。我们通过画画、写作、唱歌、说话来反思,并将他人纳入我们的思维中,以便提取出更深远的意义。这本书包含了许多参与者反思的真实案例,他们在反思中向我们分享他们的经验。这些经验促使我们思考彼此之间的差异和相似之处。我对自己第一次体验这些游戏环境的个人反思出现在本书第九章。哇,那的确是真正的自主游戏啊!

伊丽莎白·琼斯
太平洋橡树学院
2012年8月25日

目　录

第一章
导论 /1

第二章
儿童与成人，学习与游戏 /7

游戏对儿童和成人的重要性 /9
什么是自主游戏 /11
成人自主游戏的七个原则 /12

原则一 /12
原则二 /13
原则三 /14
原则四 /14
原则五 /15
原则六 /16
原则七 /18

关于游戏理论的综述 /19

弗里德里希·福禄贝尔 /19
列夫·维果茨基 /20
让·皮亚杰 /22
布莱恩·萨顿-史密斯 /23
斯图尔特·布朗 /23

游戏对儿童的益处 /25

　　身体发展 /25
　　认知发展 /26
　　语言与读写能力的发展 /29
　　社会性与情绪情感的发展 /31

小结 /32

第三章
在教育中，游戏是如何促进创造力发展的 /35

研究创造力的学者们 /38

　　J·P·吉尔福特 /38
　　琼·埃里克森 /38
　　米哈里·契克森米哈赖 /39
　　埃里克·埃里克森 /40

创造力，艺术和学习 /41

　　释放直觉 /42
　　打开通往合理世界观的大门 /43

让游戏重新点燃创造力 /44

专业实践中的创造力 /46

专业实践促进教育变革 /48

第四章
自主游戏过程中的基本要素 /51

准备阶段 /54

　　物质环境的准备和心理氛围的营造 /54
　　低结构游戏材料 /55

游戏工作坊的实践 /56

　　独自游戏 /56

　　　　合作游戏　/61
　　将自主游戏与科学、数学及读写能力联系起来　/63
　　小结　/65

第五章
游戏教练的角色　/67

　　敏锐的游戏教练　/69
　　一位游戏教练的基本素养　/70
　　游戏教练在游戏工作坊中的角色　/71
　　　　独自游戏　/72
　　　　合作游戏　/76
　　　　期待有洞察力的反馈　/77

第六章
游戏体验与实践的有效结合　/81

　　积极地沉浸在游戏和学习中　/83
　　在体验中学习　/84
　　游戏的力量：转变、融合和赋权　/86
　　游戏与内在力量　/90
　　教育之旅：一位教师的游戏体验　/91

第七章
高等教育中的自主游戏：案例分析　/101

　　本科生的游戏体验　/105
　　　　城市研讨会：费城，2010年和2011年，夏季　/105

幼儿创意体验课程 /110
游戏体验之于本科生的益处 /111

研究生课程中的自主游戏 /112
玛斯金格姆大学幼儿教育暑期培训学院的教育艺术 /112
米勒斯维尔大学幼儿教育暑期学院项目 /115
开放性游戏之于研究生的益处 /119

小结 /120

第八章
克服将游戏作为学习手段时遇到的障碍 /121

游戏中的文化障碍 /123

教师对阻碍游戏开展各因素的看法 /124

所需支持 /126

向家长普及游戏的价值 /127

游戏倡议 /128

第九章
案例分享：建立社区伙伴关系以
提升早期教育质量 /131

可回收资源中心 /133
低结构材料的使用 /137
如何看待材料 /138

游戏对于人类发展的重要性：
一个早期开端计划的培训模式介绍 /141

俄亥俄州林德赫斯特的霍肯学校 /145

北卡罗来纳州罗利市的马波斯儿童博物馆 /146

同济会俱乐部的青少年辅导项目　/148

小结　/150

第十章
行动倡议书　/151

激励我们提倡游戏　/153
用实际行动倡导游戏　/153
  匹兹堡的故事　/153
  霍肯学校的故事　/156
  加利福尼亚州的故事　/157
  亚利桑那州凤凰城的故事　/157
行动倡议书中的建议简介　/158
为什么要提倡游戏　/159
自我实现的动机　/160

参考文献　/163

附录　/169

作者简介　/181

第一章
导　论

　　游戏是一种充满幻想的行为。当孩子们出去玩时——他们跑着，蹦着，跳着——由此激活的是一种完全不同的认知方式。人们坚信：只要孩子们愿意，他们能跑得像风一样迅速，跳得像云朵一样高，瞬间就能释放其生机勃勃、活泼欢快的本性（Lewis，2009，8）。

本书的撰写基于过去30年的科学研究和团队成员的个人经历。写这本书是一个令人愉快、发人深省、充满活力的过程。我们希望读者在阅读本书并使用其中的相关信息时，也能有类似的体验。

本书认为幼儿园或早期教育机构中应有意识地引入合作游戏，这有利于儿童发展他们的自我调节能力，同时也能促进他们语言、认知和社会交往能力的发展。早期教育工作者已经发现游戏可以帮助孩子们发展使其受益终身的能力，而游戏的缺失则会导致发育的迟缓和不完全（Brown 和 Vaughn，2009；Copple 和 Bredekamp，2009）。通过游戏，儿童可以体验和表达惊叹、好奇、智慧、创造力和胜任感。当孩子们在自主游戏（操作性的、开放性的游戏）中探索他们的身体和外部世界时，他们自然而有效地收集信息、发现联系，并沉浸在创造的过程中。这会促进他们的智力、身体和情感的发展。

本书的撰写是基于教师[①]亲自参与自主游戏中，并切身感受在社会性、情感、身体和认知方面获益的体验。基于此，他们对孩子从这类游戏中获得的益处有了更为清晰的感悟。这种关于游戏对儿童发展有巨大价值的洞察力将成为促进教师专业实践发生转变的推动力。**这本书最主要的目的就是希望能够帮助教师将其亲身体验到的游戏经验转化为更有效的专业实践，并最终为孩子们提供更丰富、更**

[①] 在我们的一生中，每个人都扮演着无数的角色。参与我们游戏工作坊的有一线教师、导演、师资培训人员、专业发展顾问和其他教育专家。我们重视并感激随时可能发生在不同人之间的学习的可能性。因此，在这本书中我们使用"教师"这一统称来指代所有参加过这本书中讨论的游戏工作坊的参与者。

具有发展适宜性的游戏。本书解释了为什么教师应亲自体验自主游戏、教师应该如何分享这些经验、什么才能帮助教师将游戏体验转变为促进专业发展的最有效资源等问题。

自主游戏的本质

自主游戏是指儿童和成人利用开放性材料（尤其是可循环使用的材料）进行的自发游戏。当人的手指在摆弄这些材料时，大脑会变得活跃，会专注于将材料分类及创建游戏规则。环境、材料和孩子们与生俱来的好奇心的结合，会激活大脑，建构起新的意义。

自主游戏也可以被称为开放性游戏、操作性游戏、有意游戏、自发游戏或建构游戏（这些术语在本书中会被交替使用）。但无论名称如何变化，其核心思想都是一致的——动手操作开放性材料，呈现实物建构作品，将自我发起的游戏过程生动地显现出来。

自主游戏的概念在早期教育领域并不算新鲜。福禄贝尔曾写道："游戏是儿童发展的最高阶段——也是人类发展的最高阶段……游戏是个体内在的自我主动表征。"福禄贝尔将自主游戏的理论作为人类持续发展理论的基本组成部分："一个充分发挥自我决心，坚持不懈直到筋疲力尽的孩子，肯定会是一个坚定的、有决心的人，为了实现自己和他人的幸福，他是能够作出自我牺牲的。"

本书的第二个目的是想重新唤起教师对教学工作的激情与愉悦。正如里昂（2003，56）所说："对大脑功能的研究表明，认知和情感是通过经验紧密联系在一起的。这意味着我们可以从自身的经验中获取力量，这并不仅仅是因为我们正在接收新信息，或许更多的是因为经验引发的情绪反应。"教师从游戏中学习，正如孩子们一样。当教师被要求反思自己对游戏体验的想法和感受时，他们通常都会带着积极的情绪和满满的能量认真完成。

自主游戏能够帮助教师：

- 通过积极实践，释放压力，消除职业倦怠，为自身注入理解、能量、希望、灵感和创造力。

- 理解、监测和享受教学带来的丰富的情感与精神世界。
- 亲身体验游戏如何帮助儿童发展语言、数学、科学和社会交往技能。
- 用符合儿童发展适宜性需求的工作方式来落实早期教育标准。
- 意识到游戏是如何帮助儿童成长为坚韧不拔、能力出众的成人的。

在本书中，我们提供了引导成人进行游戏体验的操作范例；记录了教育工作者及家长们的叙述（他们的生活和专业实践因为通过相似的游戏体验而发生了改变）；还提供了将所获知识运用到早期教育机构中的办法。我们希望为教师的专业实践提供经验、信息和支持。我们渴望在早期教育工作者中创造出一个饱含激情的关注点，促使他们缩小有关游戏价值、游戏重要性及游戏实践之间的鸿沟。我们坚信教师非常有必要亲身体验自主游戏带来的令人受益匪浅的感受。正如一个游戏工作坊的参与者所描述的那样：

◎我们可以举办上百万个工作坊来研讨你能在课堂上做的事情，来谈论孩子们的感受："闭上你的眼睛去尝试着相信。""但只有当你真正体验到它的时候，你才能感受并记住它。"你必须亲自去建立联结。

低结构材料的智慧和奇迹

教师对游戏的引导总是从创设物理环境、布置游戏背景开始的。因为从发展的角度来说，孩子们需要这些关于物质世界的知识，这对于他们来说是第一位的。比如，"It"可以看作"I"和"Thou"两个词的缩写，意思是"我"和"你"，这样解释起来会非常有趣（Hawkins，2002，52）。

游戏的发生需要适宜的环境，这就需要成人提供足够的空间、材料和时间（Jones和Reynolds，2011，21）。

许多当地的企业和工厂会持续提供一些他们不再需要的材料给我们，例如残次品、剩余材料及废弃物品。以社区为依托的可回收资源中心寻找并收集这些有价

> 值的材料，如垫板、纺织物、丝带、毛毡、泡沫、木材、瓷砖、塑料瓶盖和纸，并使它们可供教师、艺术家和家庭使用，这在促进创造性建构游戏开展的同时，也能丰富儿童和成人的教育体验。这些可循环使用的资源在艺术创作、建筑、模式化活动和开放性游戏方面拥有无限的潜力，教师也可以将其运用到数学、科学、语言、读写、社会及艺术等课程中。可循环使用的材料对于本书所提到的操作性、开放性游戏是至关重要的。如果想要了解更多关于可回收材料的信息，可进一步阅读本页脚注中的文章。①

本书的第三个目标是激励教师通过专业的游戏实践来提高他们接触到的数百万人的健康水平、创造力和幸福感。 在这里，显而易见但仍需重点思考的是：如何优化儿童的游戏环境和游戏时间，以便改善家庭及社会的关系（Ginsburg 等，2007）。本书讨论了早期教育中的相关专业知识，即游戏对儿童情绪健康的影响会持续至少年期或成年期。

我们希望这本书中的想法能够激励教师采取行动——孩子们必须通过游戏来体验丰富而有意义的学习时刻！我们呼吁早期教育领域从业者在与他人的交流中能够阐明发展的真正复杂性，并捍卫游戏作为学习的一种基本方法的地位。社会必须逐渐知道、理解并重视早期教育领域从业者的工作内容及孩子们在早期学习中的收获。

---

① NAEYC. 2008. "Why ... Reusable Resources?". Teaching Young Children 1 (2): 24.

第二章
儿童与成人，学习与游戏

从出生伊始，我们首先要学着理解纷繁复杂、人声鼎沸的世界所带来的困惑；从我们所看，所感，所触，所尝，所闻和所做中学习。我们发展出人类独有的听、说、读、写及发现意义的能力。这些新的能力帮助我们习得新的领域的知识，极大地丰富了我们的生活。不过，它们永远无法取代我们通过感觉和动作感知现实世界的能力。我们正是从自己所正在做的事情当中不断学习的（Schweinhart, 2001, 16）。

作为学习者，儿童和成人有着相似的需求。他们都从丰富的游戏体验和对这些体验的反思中，发展出对自身及周围世界的重要理解。对儿童而言，游戏是他们早期理解世界的最主要方式，通过游戏，他们能够感知和理解自然世界、数学概念、读写能力、社会交往和情绪情感。对成人来说，操作性游戏和反思不仅促进了个人成长，还促使他们发展了对孩子学习方式的敏锐洞察力。

游戏对儿童和成人的重要性

通过操作性游戏，儿童和成人都能够建构知识。游戏本身就是一个用于整合艺术、科学（包括数学）、语言和社会经验的组织框架，它为探索这个世界并利用第一手经验来建构有意义的知识提供了一种自然的方式。作为整合学习的一种方式，游戏不仅叩开了充满创意且令人鼓舞的项目的大门，还在整个过程中帮助解决了跨学科的课程。

人人都有创造的潜能，每个人，无论是儿童还是成人，都有体验创造力的发展性需求。这类与充满创造性、开放性的材料互动的游戏，为人们的自我发现提供了有效的媒介。这类游戏能让人放松心灵，集中精力，提高注意力（Brown 和 Vaughn，2009；Galinsky，2001；Sousa，2011）。

美国儿科学会关于游戏的重要性的说明

美国通讯委员会和美国儿科学会儿童和家庭心理健康委员会（Ginsburg等，2007）称："游戏对发展起着至关重要的作用，因为它有助于认知、身体、社会交往等方面的发展。游戏能帮助儿童和青少年成长得更加健壮有力，更有幸福感。游戏还能够为父母与孩子的充分互动提供理想的机会。"尽管游戏能带来这么多益处，但诸多因素却减少了孩子们游戏的机会，这些因素包括匆忙的生活方式，家庭结构的改变以及对学业及加分活动关注度的不断提高。这些都以牺牲孩子的休息时间或自由游戏时间为代价。

美国儿科学会还强调：贫困家庭中的孩子往往面临阻碍他们游戏的经济问题，比如缺乏安全的环游戏境或材料，这将影响他们社会性及情绪情感方面的健康发展（Milteer等，2012）。作者呼吁家长、教育工作者和儿科医生能意识到游戏对儿童终身发展的重要价值。

游戏是早期教育的核心内容。丰富的游戏体验为孩子们建立自我认知和理解周围世界提供了发展适宜性的机会。游戏能促使儿童形成一种强而有力的自我概念，它帮助孩子们体验有能力影响他人的感觉，创造和谐感和秩序感，所有这些影响都是积极合理的。游戏中蕴含的对材料的处理思路与技巧，对儿童和成人而言都是必不可少的。游戏有利于发展解决问题的能力、毅力和合作能力，这些能力会让人终生受益（Jones和Cooper，2006）。

孩子们围坐在一起相互合作，共同玩开放性的游戏材料，不仅能够相互鼓励，还能够促进社会交往能力的发展。当沉浸在游戏中的孩子们意识到自身有丰富的游戏体验时，他们也更容易发自内心地欣赏他人的创意。合作游戏是在吸收他人观点的基础上创造出反映每个人想法的游戏整体。当参与者在玩建构游戏的过程中遇到问题时，他们会通过合作的方式来解决问题。当他们在某一方法上不能达成共识时，他们通过与其他人相互交流来解决分歧。这些互动体验会让游戏参与者产生更大的同理心。

游戏是一种非常有效的学习方式，因此，可以而且应该将自主游戏介绍给孩子和成人。成人需要游戏，是因为通过这种方式，他们能更好地理解游戏在学习过程中的价值和角色。在成人体验游戏过程的工作坊中，主办者通过为操作活动、反思对话及对理论与实践的调查活动创设安全、宽容的环境，为这种理解奠定了基础。

什么是自主游戏

真正的游戏，正如大卫·艾尔金德观察到的那样，"跟爱和劳动一样，是人类最基本的需要"，没有其他预设的目的（Elkind，2004，36）。它是由参与者自发地创造出来的，直接回应人类对快乐的需求：仅仅是为了快乐本身。自主游戏——需要动手操作的、开放性的游戏——才是真正的游戏。随着身心的充分参与，个体会自动地发现并表达他们内在的创造潜能。

参与这类有意识的游戏体验为教师萌发自我意识提供了无限的可能性。自主游戏不同于其他类型的创造性游戏，它有意地融入了反思，允许参与者深入思考，并通过内省寻找新的建设性的理解。这一过程始于开放的思想和开放性材料——积木、油漆、黏土、泡沫塑料包装、纸筒、彩色塑料瓶盖、竹片、织物、纱线、鹅卵石、岩石、木屑、电线、树枝及其他类似的独具魅力的物品。在游戏工作坊中，参与者首先在独自游戏中接触材料。他们被要求在探索和使用这些材料的过程中保持安静。使用低结构（开放性）材料，可以激发人类通过游戏表达思想和情感的基本需求。探索这些材料可以让参与者集中注意力，激发其想象力。

在独自游戏结束后，参与者记录下他们的活动过程，写下他们的想法、感受或想象。在我们的工作坊中，参与者很乐意写下在游戏中体验到的情绪，以及这些情绪如何与自身以及他们所面对的孩子们联系起来。一些参与者在日志里反映：当他们被要求停止游戏并开始写日志时才明白突然停止游戏有多么困难。他们会把这些感受与自己班级的孩子们被告知停止在教室里的游戏时的心情联系起来。参与者还提到了他们在玩开放性材料时体验到的成就感。他们指出好奇心和胜任感正是他们期待孩子们通过游戏取得的收获。

成人自主游戏的七个原则

在过去的30年里,我们已经阐明并确定了七个自主游戏的原则。这些原则的出现得益于数百个游戏工作坊以及数千名工作坊的参与者。这些原则提供了一个框架,该框架可以用来帮助大家理解当成人参与自主游戏时,到底发生了什么。

原则一

游戏是创造力的源泉,是一种积极的力量,是构建有意义的自我认识和振兴人文精神的安全环境。

人们在游戏中担任创造者的角色,感知并发掘他们自身的创造力和想象力。通过游戏,人们体验和表达他们的感受、想法和观念;游戏激发了儿童和成人敏锐的洞察力和灵感。在这个过程中,希望、意志、目标和能力等个人力量得到了发展(Erikson,1988)。

在以下这篇日志中,一位工作坊参与者回忆了她使用色彩鲜艳的电线开展游戏的经历。通过游戏,她意识到自己需要拥抱脆弱,并将自身的内在美展现出来。

◎当我把电线包好、卷好时,我开始把注意力集中在更小、更细、颜色更鲜艳的金属丝上,这些金属丝从棕褐色和灰色的绝缘层下伸出来。虽然这些材料之前并没有让我感到兴奋,但当我想到剥开外面的绝缘层,就能看到里面漂亮的金属丝时,我变得激动起来。我想剥去我的保护层。如果我能放松下来,让自己不被束缚,可能会迸发出更多的美丽。这些形状纤细色彩鲜艳的金属丝让我感到惊讶,我想在未来的游戏中进一步地探索。我整理了电线,现在的它们对我而言变得更加漂亮,而且充满了无限的可能性。

随着个人对材料的探索，参与者逐渐意识到自己有能力更充分地表现创造力。他们深入地参与到游戏体验中，这促进了真实性、开放性和想象力的发展。他们感知到新的可能性，就像剥开电线绝缘层的那位参与者所展示的那样，他们发现美丽就藏在看似朴素的外表之下，等待着被发现。这个过程让人们对自己的需求有了更深入的理解。

这种在游戏中体验到深刻的自我意识的情况在成人和儿童身上都可能发生。体验过游戏如何帮助自己觉察自我的成人，往往更加渴望为孩子们争取到获得同样体验的权利。

原则二

利用低结构材料开展操作性游戏和艺术创作，能够将参与者与他们早期的生活经验重新联结起来，自发地唤起其内心深处的感觉，如希望、意志、目的、能力、忠诚、爱、关怀和智慧。

当成人使用这些材料来探索和创造的时候，他们经常回忆和反思自己以前的生活经历，正如以下这篇日志中所描述的。

◎以前，我总是感到紧张和压力大。现在，我感觉很平和。我在思考自己和三个星期前刚去世的姐姐之间的关系。当我把塑料圈挂起来时，我想到了希望。当我把它夹在塑料积木和木头积木中进行垒高时，我想到我姐姐和我总是联系在一起、相互围绕在一起的。然后，当金属线从我的建构作品中穿出来时，我能够想到一张有着两只眼睛一个鼻子的脸，这张脸上仿佛带着微笑，这微笑丝丝缕缕地消失在永恒之中。我仿佛又看见了我们之间的幸福时光，并从中得到了安慰。

对于这位参与者而言，将金属线、塑料圈和各类积木组合在一起构成自己的作品，是一种表达内心深处情感和思想的方式。在游戏中这样的回忆往往能让参与者更好地理解早期经历的重要性。这种理解可以帮助人们面对甚至治愈创伤。对成人和儿童来说,游戏通过这种方式成为了提升生活质量和幸福感的工具。

▎原则三▎

游戏空间(Play Space)是一种参与者自我建构或共同建构的心理状态,它基于游戏者的前期经验以及他们对游戏空间的安全感与可信任度的预期。

在自主游戏中,参与者经常会体验到一种不同于他们日常生活的状态。这种心理状态就是我们所说的游戏空间,它是在游戏者与游戏材料互动并进行创造性思考时自发产生的,它既可以是单独的,也可以是与他人一起的。游戏空间给了游戏参与者探索新想法和可能性的自由,它使参与者的思想更加集中,从而对当前的状况及个人的情绪感受变得更为敏锐,正如以下日志中反映的那样。

◎这是非常令人欣慰的!我很放松,发现自己做了很多次深呼吸。

◎当我想起姐姐和我在想象游戏中度过的无数时光,这种放松和满足让我热泪盈眶。

这些评论揭示了每个人的游戏空间——这种独特的存在状态——是如何进行自我建构的。这些参与者体验到了内在的平和、放松的感觉和非凡的情感,所有这些都是成人和儿童进行操作性游戏时的典型反应。

▎原则四▎

游戏空间内产生的体验会反过来对游戏空间产生强烈的影响,如保护欲、归属感,以及进一步探索更高层次理解和自我意识的期望。

游戏空间为参与者提供了一个安全的环境,使其能回忆和解释童年的经历或感受。通常情况下,人们会产生在游戏空间内逗留,不愿离开的期望,有参与者在反思日志中这样写到。

> ◎虽然没有具体的童年时刻出现在我的脑海里,但我体验到了幸福、温暖和满足。我完全放松了。这让我觉得自己只想逗留在这种情绪体验中,不愿离开。

当参与者在游戏中回忆起曾经的想法和情绪时,他们可能会更好地理解自己的过去。有时,这个过程会带来关于过去或现在的新见解,以及这些见解对未来可能产生的影响,正如以下这位参与者所描述的。

> ◎我选择玩垫圈和其他一些小金属片。这让我回忆起了我爸爸在修车时我在车库里玩耍的情景。这提醒我或许应该多花些时间陪陪他。

原则五

当游戏者激动地思考"我接下来要扮演什么角色""下一步我要做什么"等问题时,游戏空间中释放出的创造性能量将会翻倍。

当参与者有了独自游戏及合作游戏的体验后,他们发现了自我认同的新契机和自我发展的新途径,例如克服过去的恐惧。游戏空间提供了一个安全的环境,在这里,参与者可以大胆尝试新的角色和新的身份,正如以下这篇日志中所描述的。

> ◎当我必须和别人一起工作时,我总是感到压力很大。为什么呢?因为我总是容易被别人忽视,在找搭档方面也存在很多困难。我很害羞,因为害怕被人拒绝,所以我不喜欢主动邀请别人。但在游戏过程中,当我看到有人没有搭档时,我竟然主动邀请他和我一起结伴

> 玩游戏。在游戏快结束时,我突然不知道应该再做点什么。我又变得有点难为情,不知道事情该如何发展才好,我开始疑惑"我在哪里待着比较妥当""我会被别人接受还是拒绝"。

这位参与者分享了来自过去的深刻而强烈的感受,这些感受仍然影响着现在的她。然而,在游戏空间里,她勇敢地邀请别人做自己的搭档,在那一小段时间里,成功地克服了过去的羞怯。尽管在最后的游戏结尾环节中,她又开始有点难为情,但最终还是积极地结束了这次体验。虽然对被拒绝的恐惧会让人处于非常脆弱而被动的位置,但幸运的是,游戏空间可以为新的尝试提供一个安全的环境。另一名参与者也进行了新的尝试。

> ◎我选择石头是因为石头让我感到坚强,有安全感。我开始把石头分门别类地摆放。有时我觉得石头被我放得到处都是,后来我会将石头摆成很长的序列。或许这意味着通过坚持不懈的努力,我一定能克服困难,做事变得有条理,能够改善我目前的处境。

这名参与者分享了自己的观点:为了承担她生活中的责任,她需要变得坚韧不拔、勇于战胜困难。在游戏空间里,她的确变得更加有条理、有安全感,内心也更强大了。

原则六

游戏是力量之源,它可以激发参与者与游戏外的其他人以及游戏中的参与者之间产生强烈的、积极的情感联系。这种感觉无处不在,不局限于游戏空间内;游戏者在完成游戏回归到日常生活之后,仍然会持续拥有这种感觉。

自发的操作性游戏可以让参与者重新审视自己和他人的感受。在游戏空间探索时产生的这些感觉往往会延续到参与者的日常生活中，并对他们的社会角色和工作产生影响。

◎我选择纽扣是因为今天我很想念我的妈妈——她最喜欢收集的东西就是纽扣。所以在我利用纽扣玩游戏时，我总是想着她，想着我有多爱她，想着她为我做的一切。

◎我真的应该多关心我的生活和我的学生。以前我过于追求完美主义，不愿意放弃任何东西，认为任何事情总会有解决的办法，所以很疲惫。现在我会时不时灵活地调整计划，稍微改变一些事情，这样就不会让真正重要的人或事被遗忘。

在游戏空间中，与他人的强烈情感联系可能会浮出水面，比如上述第一篇日志片段中所涉及的情感：这位参与者写下了对母亲的思念和爱。自我启示可能会超出游戏空间，就像第二篇日志中所记录的，参与者认识到有必要改变她的行事方式，"这样就不会让真正重要的人或事被遗忘"。

操作性游戏与瑞吉欧·艾米莉亚

自主的操作性游戏和瑞吉欧·艾米莉亚的早期教育理念有着许多相似之处。

第一个相似之处是：二者都聚焦于儿童通过感官体验来控制自己的学习。例如，当孩子玩低结构材料时，他们能够获得哪些经验？

第二个相似之处是：他们都坚信儿童应该拥有许多表达自己以及建构自己内在经验的机会。

正如马拉古奇所言：

无论是谁——我指的是学者、研究人员和教师，只要他曾下定决心认真研究过儿童，他发现的都不会是孩子们在游戏中的诸多限制与弱点，相反地，他们最后都会惊喜地发现孩子们在游戏中的主动性与灵活性，孩子们有着非凡的思考能力及对事物的感受能力，并在游戏中产生了自我表达及自我实现的不竭动力（Edwards, Gandini和Forman, 1993, 72）。

我们坚信这一现象对参与操作性游戏的成人而言也是真实的。在他们的游戏体验中，成人发现了自己都不曾察觉的内心想法，这些隐藏的想法在他们用低结构材料建构作品时找到了表达的突破口。在游戏过程中，这些低结构材料变成了游戏者自我觉醒的物质载体。由此可见，游戏过程本身就是一种用来发掘和建构崭新自我意识的工具。

原则七

游戏固有的属性允许参与者能够有自由表达、深度思考、强烈感知的体验，能够让他们相信自己的直觉。

在探索开放性材料的过程中，成人深刻地意识到人类表达创造性或直觉性的基本需求。操作性游戏使参与者能够进行试验、冒险和探索，这有助于他们更好地理解自身和这个世界。成人经常会意识到游戏材料为他们的生活状态提供了隐喻，正如以下这位参与者记录的这样。

◎我建了一座堡垒。一开始我只是随意地把木片放在桌子上，然后我把它们拼成了一个心形，当我察觉到这个形状代表着我自己的心的一瞬间，我突然感觉现实的一切都结束了——随之而来的是保护它的迫切需要，我要保护它，防止它破碎。有意思的是，当我看着这个心形的时候，我能感觉到我应该做什么，这很有趣，然而真的要践行我内心深处那条保护它的道路，却比想象的困难得多。摆在心外面的石头代表那些想要走进我内心世界的人，他们想要认识我，但被我排

> 斥在心门外。心里面的石头代表我的朋友。然而,没有石头能靠近这颗由木片摆成的心。对我而言,这个心形代表了我内心的城堡,是我灵魂的最深处。

人们经常会超越直接的游戏体验对这样的隐喻进行持续的反思。通过进一步的思考,他们认识到自己潜在的新的可能性,就像在游戏中,无限的可能性可以用低结构材料来完成。例如,游戏者可能会意识到他们需要更开放地与他人交流,或者花时间安静地思考。当成人参与到操作性游戏中时,他们开始意识到游戏的重要性和价值,这是一个使成人和孩子都受益终生的转变过程。

关于游戏理论的综述

本章中强调的游戏原则基于以下三方面的资料:1. 游戏工作坊参与者的反思日志中记载的相关轶事。2. 游戏教练收集的观察数据。3. 游戏理论家的基础研究。现在让我们一起来梳理一下这些游戏理论家的思想,这对我们探讨自主游戏的发展和实施都产生了巨大的影响。

弗里德里希·福禄贝尔

弗里德里希·福禄贝尔(Friedrich Froebel,1782—1852)被称为"幼儿园之父"。他是那个时代在幼儿教育、儿童的独特素质和需要等问题上有着真知灼见的一位思想家。在19世纪20年代出版的《人的教育》一书中,福禄贝尔解释说,游戏是一种以外在形式展示孩子们内心活动的方式。他的论著敦促家长和教师与孩子们一起玩耍,因为这样,彼此之间就能建立起一种促进相互尊重的真实的纽带。他认为,通过与孩子们一起互动,教师会变得更加开放、更乐意向孩子们学习,也更容易发现教什么以及如何教。

福禄贝尔认为游戏是一种由外在表现反映出来的内在活动,这一活动总是从对积木等有形物体的探索开始的,他认为可以通过游戏来激发孩子们的好奇心和思考能力,通过游戏用感官唤起孩子们的好奇心和反思。他认为,儿童的兴趣和自发的游戏创造了儿童和探索对象之间内在的意识联系。福禄贝尔认为,这种联系促进了孩子们内在思想、情感、意愿和行为的和谐统一。

福禄贝尔坚持认为孩子们拥有神圣而独特的本质与精神。教师的工作是帮助孩子们唤醒他们自己都不曾觉察的内心世界。因此,他认为教育者应将儿童视为拥有独立思考及感知能力的完整个体,让他们在游戏中发展自我意识。

因此,福禄贝尔认为成人对儿童的生活和学习不能进行过度干预,而是建议进行有限的引导。他这样呼吁并不是为了自由而自由,而是因为他明白:当人们(包括儿童)主动选择合作而非被迫合作时,他们更容易接受他人的想法和建议。只有孩子们的自发活动、自主行为,才能引发其获得真正的理解。

福禄贝尔认为,教育者的首要关注点必须是人际关系的发展。人总是处于各类关系之中,每一种关系都是形成性的。因此,教育工作者需要高度认识到自己的意图和行动,并对孩子们的各种需求高度敏感。在相互学习和成长的过程中,家长和教师都不可避免地要参与到孩子的成长中来。

列夫·维果茨基

列夫·维果茨基(Lev Vygotsky,1896—1934)是著名的苏联心理学家。虽然他最初学的是法律,但后来他专注于心理学研究,并加入了莫斯科的心理研究所。维果茨基的社会发展理论在过去几十年中对认知发展研究产生了深远的影响。根据维果茨基(1978)的观点,游戏为孩子们提供了一种满足他们需求的方式,而这些需求随着孩子们的成长而变化。

在生命早期,孩子们就开始面临着需求被立即满足还是被延迟满足之间的紧张关系。为了解决这种紧张关系,孩子们进入了一个想象的世界,在那里他们未实现的需求可以得到满足;人们把这一活动称为"游戏"。他认为,想象是一种心理过程,大多数两岁以下的儿童都没有这种心理过程。"就像意识的所有功能一样,它最初起源于行动(Vygotsky,1978,93)。"

在学前阶段，孩子们获得了将物体的实际用途与其想象的功能区分开来的能力。年幼的孩子通常只根据一个物体的固定功能来使用它。例如，一个年幼的学步儿知道积木是用来堆叠或搭建的，所以这是这个孩子最有可能使用它来做的事情。但是，随着其发展出将物体的固有用途和实际用法分开的能力，他们可能会开始将积木当成飞机或卡车来使用。因此，孩子们的想象力引导着活动的开展。当孩子们的行为源于想法或想象，超越了玩具的本来用途时，其认知就会发生重大转变。想象的运用是孩子们用象征的方式思考，而不是仅仅根据具体或字面意思来理解事物的第一个标志。维果茨基（1978，97）认为，"孩子们所见的与所做的相互关联，但也有所不同。因此，当孩子们开始独立于具体事件而行动时，他们的想象也开始了。"

维果茨基（1978）认为游戏对发展的影响是无比重要的：游戏是儿童发展过程中最重要的影响因素之一。在发展的各个方面，当孩子们的行为超越了实际年龄和他们现有行为水平时，就创造了最近发展区（稍后会在本章中予以讨论）。

> 在游戏中，他好像比自己高一个头……想象的行为、虚构的场景、自发的创造，以及来源于现实生活的计划和动机，都能在游戏中得以实现，并成为学前儿童发展的最高水平。只有在这个意义上，游戏才能被认为是决定儿童发展的主导活动（Vygotsky，1978，102—103）。

随着游戏的推进，孩子们开始越来越注意游戏的目的。随着孩子们在游戏中发展出个人的想法和态度，确定游戏的目的也就隐含在了游戏的过程中。接着游戏规则出现，并愈加严格，孩子们也需要相应地规范自己的行为。一方面，当孩子们决定他们自己的行为时，游戏中似乎有很大的自由；另一方面，这种自由也受到所涉及的对象或游戏本身意义的限制。例如，当孩子们在一起玩的时候，有时一个孩子的个人需求与另一个孩子的需求是相互矛盾的。这个孩子必须决定到底是选择满足自己的需要还是继续担任游戏角色。从这方面来看，游戏成为了发展自我调节能力的手段：孩子们学会把个人需要暂时放在一边，通过继续游戏来获得满足。

因为想象游戏涉及象征能力，所以这种游戏促进了象征和抽象思维的发展。维果茨基（1978）观察到孩子们使用的是一种复杂的语言系统，即结合手势来传达正在玩的东西的意义，比如拿着一块积木在空中飞来飞去，由此代表一架飞机。这种在游戏中使用手势代替语言的能力是符号和抽象思维的根源，它与发展向他人传达思想和意义所需的语言技能息息相关。3岁儿童和6岁儿童在游戏活动中的一个关键区别是他们在游戏中使用的象征物形式不同。在象征性游戏中，3岁的孩子可能会使用一个在视觉和功能上都与真实物品相似的物体，而6岁的孩子则会更多地依赖语言、面部表情和手势等符号系统。这一点非常重要，因为这意味着象征性游戏是一种早期的交流形式，同时直接与书面语言的习得有关。

让·皮亚杰

瑞士学者让·皮亚杰（Jean Piaget，1896—1980）是著名的研究儿童认知发展的心理学家。皮亚杰认为游戏始于婴儿的第一声啼哭。游戏首先由模仿组成，并逐渐演变为三种主要形式——练习性游戏、象征性游戏和规则性游戏。练习性游戏主要是为了感官享受。孩子们重复一个动作，看它是否会再次发生，其目的纯粹是为了享受这个动作（Piaget和Inhelder，1969）。

2岁到5岁左右，孩子们开始参与象征性游戏，包括对不存在的物体进行表现。例如，一个孩子假装打电话给他的祖母，用一个木勺来代表真正的电话。在这种类型的游戏中，真实与想象是混淆的，但孩子们可以区分什么是真实的，什么是虚构的。皮亚杰认为，参与象征性游戏有助于孩子们在生活中区分现实与幻想。在象征性游戏中，孩子们重复排练他们的生活经历，并以各种方式验证其合法性。

在4到7岁之间，规则性游戏开始出现。这种类型的游戏在人的一生中会继续得到更充分的发展。皮亚杰指出，有些游戏是由来已久的、规范化的，也就是说，它们是代代相传的（Piaget和Inhelder，1969）。

游戏对儿童发展有多种促进作用（Piaget，1962）。孩子们在不同类型的游戏中发展运动技能。通过象征性的或富有想象力的游戏，孩子们的感受更加敏锐，创造力和想象力得到发展。孩子们在游戏中运用各种词语来建构自己的语言系统。当游戏需要轮流进行或遵循特定规则时，孩子们的注意力会增强。当孩子们使用替代物来象征游戏中所需物品时，他们的灵活性得到发展，并能与玩伴协商游戏情境。当孩子们在一起游戏时，会自发形成一种相互尊重的和谐氛围。为了遵守游戏规则或继续游戏场景，他们学会了延迟满足自己的欲望和需求。当孩子们在游戏中扮演各种角色时，他们会对其他参与者产生同理心，并理解自己所扮演的角色（Piaget，1962）。

布莱恩·萨顿–史密斯

哈金斯（Gordon 和 Esbjorn-Hargens，2007）在评论当代著名游戏学者布莱恩·萨顿–史密斯（Brian Sutton-Smith）的著作《游戏的模糊性》一书时指出：萨顿–史密斯探讨了游戏理论之间的模糊关系。哈金斯列举了萨顿–史密斯所指的与每种理论相关的各种修辞。

例如：游戏是一种力量，游戏是一种自我，游戏是一种身份，游戏是一种消遣，游戏是一种进步，游戏是一种想象，游戏是一种命运。

这七种修辞影响了关于动物及人类游戏的主要科学研究与理论。

对萨顿–史密斯（1997）而言，游戏有两个层面的含义。首先，游戏具有生物学的含义，从这个层面上看，个体通过游戏增强了适应或应付多变情况的能力；游戏成为个人"练习生存斗争"的一种方式（Sutton-Smith，1997，231）。这可以在孩子们游戏时表现出的情绪反应中观察到。

其次，从心理学的角度来看，萨顿–史密斯（2007）将游戏定义为一种"虚拟仿真"，一种为发展适应性行为和建构个人意义而持续不断的过程。他认为，游戏和艺术创作提供了一种充满乐趣的虚拟生活。通过这种方式，游戏可以提高生活质量。

斯图尔特·布朗

斯图尔特·布朗（Stuart Brown）作为一名医生、精神病学家和临床研究人员，是当今最重要的游戏专家之一。他凭借多个学科的独特背景，为儿童和成人提供了关于游戏价值的独到见解。布朗记录了数以千计的游戏案例（个人童年游戏的叙事），并将其与研究大脑发育的神经科学联系起来，得出了关于游戏重要性的有启发性的结论。

布朗认为游戏是大脑整合不同部分和建立复杂突触联系的重要方式。尽管这些联系似乎没有直接的目的，但它们对大脑的持续稳定、组织和发展是至关重要的。布朗用进化的观点来描述游戏在大脑发育中的作用：游戏的开展需要用到大脑的相应部分，这强化了该部分神经系统的联结；而那些未曾使用的神经联结将逐渐退化，直至彻底消失。布朗将这种修剪过程描述为"适者生存"（Brown 和 Vaughan，2009，41）。

布朗认为：孩子们玩游戏的内在驱动力非常强（Brown 和 Vaughan，2009，41）。他还认为，有证据表明，游戏能使大脑更好地工作，并产生乐观情绪。游戏对我们的发展和生存是如此重要，以至于游戏的冲动已成为一种生物本能，就像我们对食物、睡眠或性的渴望一样，游戏的冲动也是由内在产生的（Brown 和 Vaughan，2009，42）。按照布朗的推论，我们可以说游戏不是偶然发生的事情；相反，它是一种内在的、与生俱来的生物本能。这种最原始的游戏冲动会刺激与游戏过程相关的愉悦情绪；布朗认为没有这些积极的情绪，孩子们的活动就不是游戏。可见，游戏是生活平衡与幸福的必需品，它甚至是生存所不可少的一部分。

布朗认为，各种生物驱动力的强度不同，它们也以不同的方式影响着个体的行为。例如，当一个动物的生存受到威胁时，它的游戏行为就会消失。根据布朗和沃恩（2009，43—44）的观点，当我们不用面对生死抉择时，大胆试误会带来新的发现。在一个不可预测的、不断变化的世界里，我们从游戏中学到的内容可以迁移到其他新奇的环境中。通过游戏过程，人们能体验到为解决未知问题提供新方法的可能性。

布朗还把游戏和艺术创作的冲动联系起来。有生物学证据表明，艺术创作是游戏冲动的结果（Brown 和 Vaughan，2009）。游戏的内在品质之一是它的情感联系；满足创造性自我表达情感需求与游戏冲动有关。正如布朗所强调的，艺术创作和文化长期以来被视为人类生物活动的一种副产品，是在我们使用庞大而复杂的大脑时自然而然产生的。但最新的观点是：艺术和文化是大脑积极创造的产物，因为它对我们有益，源于原始和孩子气的游戏冲动（Brown 和 Vaughan，2009，61）。

这种艺术创作和文化的冲动深深根植于人类的精神之中，不仅是为了个人的快乐，也因为艺术使人类能够在没有语言沟通的情况下进行交流。在布朗看来，艺术是一种将人们联系在一起的深层次的、非语言沟通的一部分，它实际上是一种交流与归属感。这种归属感是儿童早期社会性游戏的产物（Brown 和 Vaughan，2009，61）。

游戏对儿童的益处

当我们探讨游戏对儿童发展的种种益处时，我们将结合"儿童发展适宜性早期教育项目：从出生到8岁"（Copple 和 Bredekamp，2009）这一内容的概述部分展开论证，探讨游戏如何影响儿童发展的以下四个方面：

- **身体发展**；
- **认知发展**；
- **语言与读写能力的发展**；
- **社会性与情绪情感的发展**。

这些发展领域并不是孤立的；相反，一个领域的发展会影响其他三个领域的发展。儿童发展的各个方面都是相互联系的观点，通常被称为"完整儿童观"或"人类发展的综合视角"。这种观点影响着教师看待孩子们及对待游戏的方式。另外，我们还必须仔细地考虑（特别是在讨论游戏对个人整体的益处时）存在于我们每个人身上的精神因素以及游戏体验是如何影响这些方面发展的。

身体发展

运动技能和空间知觉。通过游戏，儿童发展、协调和使用粗大动作和精细动作技能。随着儿童的成熟，他们以越来越复杂的方式控制肌肉，将运动与视觉、感知觉结合起来（Jensen，2005）。游戏可以让孩子们频繁地练习复杂的动作，使他们对身体、空间和方向有更好的认识。加拉休和奥兹蒙（2006，106）的研究指出，"通过在活跃的游戏环境中进行各种各样的运动体验，包括粗大动作和精细动作，儿童拥有了丰富的信息来建构他们对自己和对世界的感知。"

▎认知发展 ▎

大脑发育。脑神经科学的研究表明，在出生时，大脑中的大部分神经元已经就位。这些神经元根据儿童的经历与其他神经元形成联系。孩子们从这些经历中得到的输入会刺激生物电化学反应的产生，使神经元能够通过突触的联结相互交流。当突触被使用时，联结被加强。当突触不被使用时，联结就会逐渐消退（Sousa，2011）。布朗和沃恩强调：

> 生命早期（从出生到儿童期）是大脑发育最迅猛的阶段。游戏在这一时期不仅强化了神经发育的过程，还促进了以前不存在的新联结的产生，加强了神经元之间，以及不同的大脑区域之间的新联结。

由此可见，游戏是建立和加强神经联结的动态工具。布朗和沃恩（2009）总结了游戏对大脑发育的重要性："游戏能带来什么变化？事实上，游戏似乎是大自然发明的最先进的方法之一，它能让复杂的大脑进行自我建构。"

多元智能。以多元智能理论闻名的霍华德·加德纳（2011，12）认为所有的个体都有八种智能，不同的人在某些方面的智能会比其他智能更强。加德纳认为智力是由以下八种智能构成：言语——语言智能、逻辑——数理智能、音乐——节奏智能、身体——动觉智能、视觉——空间智能、交往——交流智能、自知——自省智能和自然——观察智能。他将智力定义为一种生物心理学潜能，这种潜能可以处理在一定文化环境中的信息，以解决问题或创造在文化中有价值的物品（Gardner和Moran，2006，227）。加德纳认为智力是生物和心理成分与参与信息处理的文化背景之间的相互作用。

加德纳（2011）认为大脑是一种模式寻求工具，他将其称为统合心智，即综合解决问题的能力。当儿童游戏时，他们的大脑参与了大量的模式寻求过程，在这些过程中大脑会自主建构、组织及综合各类知识。这些过程包括：

整理	比较	发明
排序	描述	做决定
分类	讲故事	解释
计数	预测	筹划
模式化	提问	合作
测量	符号化	做实验
解决问题	创造	想象
组织	建构	

许多学校注重培养孩子的线性思维和连续性思维，但这只是智力的一种类型。在一个重视艺术融合的课程中，创造性的游戏会刺激认知发展，从而促进儿童智力和创造性发展之间的平衡，使儿童能够以不同的方式思考。

皮亚杰的理论。皮亚杰的儿童认知发展理论以认知、记忆、想象和推理等心理过程为中心。儿童在行动、观察、模仿和解释他们周围世界的过程中发展，而游戏则是他们在这一过程中练习和发展的环境。皮亚杰将智力定义为个体通过操纵和重组不断变化的外部世界来应对变化的能力（Piaget 和 Inhelder，1969）。这种应对能力是基于适应这个术语的，皮亚杰认为适应是人类生活中最重要的过程之一。在适应过程中，个体对环境或文化背景进行评估和调整。游戏就是一种让孩子们体验、练习、强化适应过程并将其转移到其他生活情境的方式。

在适应过程中有两个协调过程。第一种过程叫"同化"。在这个过程中，孩子们接受新的信息，并将其融入他们已有的认知结构。第二个过程是"顺应"，发生在新信息与旧的认知方式不匹配的时候；为了理解新的信息，必须改变旧的认知结构。游戏给孩子们提供了一个可以尝试新事物的安全环境，使他们能够灵活地进行认知。

在适应过程中，孩子们在他们自己原有的对世界的理解和来自不同环境和文化背景的新刺激之间寻求平衡。皮亚杰把这种现象称为同化和顺应之间的平衡。情绪、成熟、经验和社会互动都能激发孩子们对已有知识和新信息的质疑，并促使他们寻求平衡。所有的孩子在使用抽象思维之前，都必须先用具体的词汇来思考他们的世界。

维果茨基的研究。维果茨基不仅研究了儿童的认知发展，还研究了学习和发展的社会意义。他的研究表明：学习内容必须与学习者的发展水平相匹配。第一个发展水平被称为实际发展水平，即孩子们能够独立完成的那些事情（这也被称为孩子们的独立水平）。第二个发展水平，即最近发展区，指孩子们自己能做的事情和在有经验的人的帮助下能做的事情之间的差距。换言之，学习发生在孩子们接受挑战的时候，而不是受到挫折的时候，过易或过难的内容都不利于孩子们的学习。例如，如果一个孩子体验的是他已经知道的事情，那么这次体验就不会引发学习；如果一个孩子体验的是对他而言过于遥远，理解起来过于困难的事情，那么这次体验也没有学习的价值，这就是儿童的"挫折水平"。然而，当一个孩子的经验恰好在他的最近发展区内，同时又获得一个更高水平的人的引领时，学习就会发生，这就是所谓的"教学水平"。在教育环境中，需要一位有爱心的教师以其敏锐的观察力来确定每个孩子的最近发展区。

探究式学习。游戏和问题解决之间的联系是儿童发展的一个关键因素。教师关于所有儿童都有更好地探索和理解世界的愿望和能力的信念是早期教育中建构游戏和探究式教学的基础。教师以孩子们天生的好奇心为基础，提供体验，激发并满足孩子们的好奇心。游戏和问题解决之间的联系源自于孩子们内在的求知需要。

帕克（2007）告诉我们，在更广泛的意义上，探究是一种看待世界的方式。这是一种质疑的态度，无论是成人还是孩子，当他们试图学习一些他们还不知道的东西时，当个体真正参与到任何形式的探究中时，他们会驱使自己通过寻找问题的答案来学习更多的内容，这是探究式学习和问题解决过程的核心。问题解决需要坚持不懈，集中注意力，验证假设，承担合理的风险，并运用灵活的思维寻找可能的解决方案。

乔伊纳德（2007）认为，人类从彼此身上发现信息的能力促进了有效的学习。乔伊纳德的研究还证实了这样一种观点，即孩子们积极地进行提问和收集信息时，他们才能学得最好。当孩子们积极参与学习时，相较于单单作为信息接受者，此时的他们更容易记住所收集到的信息。儿童通过积极地提问和收集信息，结合实际经验和直接的社会互动来建构知识。这种主动学习和获取知识的过程是在孩子们与材料、假设及他人互动和玩耍的过程中进行的。

语言与读写能力的发展

在全美范围内的教育讨论中，语言与读写能力发展的重要性占据了首要位置。游戏是这些讨论的核心议题，因为教育工作者和其他人试图在许多小学普遍存在的以学业为主的观点和更全面的儿童观之间找到平衡。不幸的是，许多人认为组织游戏是在浪费学校的时间。事实上，游戏不但没有浪费时间，还为孩子们提供了一个无风险的环境，让他们练习和试验语言与读写能力，并学习运用语言的一般知识。

游戏对语言与读写能力的发展起着重要的促进作用。社会互动为孩子们提供了一个安全的环境，他们从中通过手势、对话、辩论和其他形式的语言及非语言交流进行练习。例如，在游戏中孩子们了解到语音、语调变化的重要性，这能帮助他们进行更有意义的对话。他们经常使用与文字相关的游戏材料，比如书籍、食品或杂货清单、菜单、贺卡和白板等。在游戏中，他们不仅自然而然地习得了关于印刷等与文字相关的概念，还产生了对书面语言的内在需求（Puckett等，2009）。

正如前文提到的：维果茨基认为游戏中的符号表征是一种言语形式，直接促进了书面语言的发展（Vygotsky，1978）。他认为，在象征性游戏中，儿童处于最高的发展阶段。他们根据游戏的意义及需要，有意或无意地，自发地调整他们的游戏行为、操作他们的游戏材料。这有别于年龄尚小的孩子，其游戏的开展常常受到游戏材料及环境本身特征的限制。

根据吉尼希和戴森（2009，58）的研究，孩子们在很大程度上依赖于语言来推进想象游戏的进程。为了扮演好他们的角色，做出富有戏剧性的动作，孩子们不仅要选择恰当的词汇，还要控制表达的方式，例如语调、音量、节奏和音高，这样他们就能更好地扮演一个坏人、一个超级英雄、一个妈妈、一个婴儿或一只小猫。游戏最关键的地方在于需要语言来启动并维持它，用语言指导参与者扮演他们的角色。吉尼希和戴森（2009，59）呼吁人们不仅要关注游戏对儿童语言和读写能力发展的促进作用，还要强调游戏对教师的重要性：游戏不仅为教师提供了一个了解孩子们兴趣、关注点及人际关系的窗口，还帮助教师了解孩子们是如何使用语言来扮演社会角色的。

游戏：通用的语言

人们用各种各样的方式与他人交流思想或信息。语言是在这一分享的过程中最常被使用的工具。然而，有时存在一些语言障碍，会阻碍交流的进程，比如当人们说的不是同一种语言或另一个人有听说障碍的时候，就不方便用口头语言进行思想交流。对孩子们来说，游戏提供了一个克服这些沟通障碍的环境。

当孩子们学习第二语言时，他们实际上是在学习两种不同类型的语言。第一种类型的语言被称为书面语言，这是教科书和课堂中使用的语言。第二种类型的语言被称为日常用语，是指孩子们在日常交往中使用的语言，比如在操场上活动或与朋友在一起玩的时候使用的语言。研究发现，学习书面语言需要7到10年的时间，而学习日常用语只需要2年（Himmele和Himmele，2009，3）。游戏有助于社会语言技能的习得，使双语学习者在与同龄人使用日常用语交流的过程中，也能锻炼书面语言的能力，为课堂学习奠定基础。在与同伴玩社会性游戏的过程中，孩子们通过手势或其他非语言线索来克服语言障碍，从而推动游戏的发展。正是对游戏发自内心的渴望，促使说不同语言的儿童一起努力维持着他们共同的游戏并体验其中的意义。

丽芙特、梅森和巴顿（2011）认为游戏本身就是一个发展领域，它能为有特殊需要的儿童提供巨大的可能性。一些有特殊需要的孩子可能会在游戏发展上有所滞后，教师可以利用游戏情境观察他们，发现有助于促进其发展的有效的支持策略。

查曼和他的同事（2003）的一项研究发现：假装游戏对自闭症儿童的语言和

社会交往技能有预测价值。丽芙特、梅森和巴顿（2011，289）认为：成人的激励以及对发展适宜性游戏目标的关注，对提高有特殊需要的儿童的游戏技能是有帮助的。这是一个重要的发现，因为这意味着教师和家长都是有特殊需要儿童游戏发展的重要促进力量。

社会性与情绪情感的发展

爱泼斯坦（2009，5—6）指出，社会性与情绪情感的发展包括以下四方面：

- 情绪的自我调节和自我认知；
- 社会认知和理解；
- 社会交往技能；
- 社会性格。

社会性与情绪情感的发展对个人生活的成功至关重要：

> 这些能力包括识别和管理自我的情绪、发展对他人的关心和关注、建立积极的关系、做出负责任的决定、建设性并合乎道德地处理冲突。这些能力让孩子们在生气时冷静下来，会交朋友，能相互尊重地解决冲突，做出合乎道德且安全的选择。（引自《合作促进社会性与情绪情感学习的工作报告》，2011）

游戏为孩子们提供了发展社会交往技能和情绪情感的理想环境。通过角色游戏中的互动，孩子们学会了自我调节，这是由他们强烈地希望游戏继续下去的内在动机决定的。

丹尼尔·戈尔曼（2005，80）在《情商：为什么情商比智商更重要》一书中描述了情绪情感的重要性：

> 从情绪情感对思维品质的影响方面而言：我们的情绪情感会影响我

们的思考能力、对计划的执行力、实现长远目标的毅力以及问题解决的能力。情绪情感决定了我们在多大程度上能发挥自己的潜能，也决定了我们在生活中如何应对挑战。当我们对自己所做的事情充满激情和欢乐，甚至达到较为焦虑的状态时，这种情绪情感也会支持我们取得成就。从这个意义上来说，情商才是最重要的天赋，是一种会影响其他能力发挥的因素，这种影响可能是积极的促进作用，也可能是消极的阻碍作用。

情绪管理的技巧是后天习得的，教育工作者可以促进儿童这些能力的发展（Goleman，2005；Seaward，2002；Wolin 和 Wolin，1994）。在一篇关于情商和心理恢复能力的文章中，康纳和司丽儿（2009）写到：

  教育工作者能做什么呢？正如戈尔曼（2005）所写，也正如大多数教育工作者所知道的那样，在1995年，我只能找到为数不多的几个向儿童传授情商技能的项目。十年后的今天，全世界有数以万计的学校为孩子们提供社会交往和情绪情感学习的课程。儿童的情绪情感发展和社交技能的提升被写在课程目标和实施方案中最重要的位置。许多社区要求学生在社会性与情绪情感学习方面达到一定的能力水平。戈尔曼进一步论证了社会性与情绪情感发展目标需要进一步明确的理由，他写道："如果一个孩子学会了很好地控制自己的愤怒，学会了使自己平静或安慰自己，或者学会了换位思考的同理心，这将是他一生用之不竭的力量。"个人在情感上是否幸福可能决定着其生活到底是温馨美满还是人间悲剧。

▲ 小结

在许多教育环境中，以整合的方式教育儿童并不是小学阶段使用的典型方法。教育工作者主要培养孩子们用线性思维及连续性思维来解决问题的能力，要求学生用单词和数字来表达他们的想法。孩子们学习将这些符号系统视为对世界的规范描述（北卡罗莱纳州公立学校，2011）。

然而，我们坚信：教室应该是充满人性关怀、理解和创造力的地方。在课堂上，孩子们应该从情感、行为和精神三个层面来体验生活的完整性，学习如何运用自己的头脑发现自己的长处和兴趣，学习如何与他人和平相处。我们坚信，通过亲身感受开放性的游戏体验，孩子们可以通过多种方式了解自己的世界，从而获得更全面、更生动的理解。

在这一章中，我们探讨了游戏的概念，并仔细阐述了游戏对儿童和成人各方面发展的重要性。我们讨论了建立在七个游戏原则之上的积极的自我认知的过程，介绍了先进的游戏理论。当您继续阅读本书的其余章节时，我们希望您能发现对游戏基本概念的理解与被我们称之为动手、动心、动脑的开放性及操作性游戏体验之间的密切相关性。

第三章
在教育中,游戏是如何促进创造力发展的

每个人都有巨大的创造力。唯一的挑战在于如何激发它们。创造力的文化必须让每个人都参与进来,而不是仅仅与少数有天赋的人有关(Robinson, 2011, 3)。

乍一看，创造力和教育似乎处于对立的状态。如果把教育定义为传授知识和技能给下一代的过程，那么创新和创造力在教育中还有存在的空间吗？如果我们从一个更广阔的视角来看待教育，将其作为一个发展孩子们的批判性思维，并为成功做准备的过程，那么答案就是显而易见的：创造力在教育过程中占有重要的地位。创造性思维和随机应变的机智可以解决课堂和生活中的各类紧急问题（Robinson，2011，1—2）。教育是由教师和学生的创造性思维而形成一种可持续的、积极的环境。在这种环境中，问题解决的能力能够被予以重视、被实践，并被视为应对当前和未来挑战的必要条件，这需要灵活、超前的思维，而创造力恰恰发展了这种超越当下的思维能力。

普拉克、贝盖托和道（2004，83）认为，创造力是理解人类教育和心理学不可或缺的一部分。事实上，研究人员几十年来一直在坚持不懈地研究创造力。从1955年到1975年，研究开始将创造力与智力测试进行区分，实施这种区分的部分原因要归功于创造力测试，该测试证明创造力和智力确实是两个独立的结构。但创造力测试在本质上并不具有预测功能，也就是说，它们不能确定一个人参与创造性行为的可能性。在这一时期之后，随着研究经费逐年减少，对创造力的相关研究也减少了。

20世纪80年代到90年代之间，人们对创造力研究重新产生了兴趣，并为其提供了资金。许多指标显示（Plucker，Beghetto和Dow，2004，83），当代对创造力的研究似乎是在商业领域产生并推动的。今天的商业领域理解并重视个人和组织独创性思维的重要性。领导者将创造力视为经济发展的引擎。创新是企业在全球经济竞争中站稳脚跟并保持优势的一种方式。

相关研究表明现有的有关创造力的研究缺乏一个对创造力的清晰、简洁的定义。没有明确的定义，就很难看到创造力研究对教育的影响。为了解决这个困境，普拉克、贝盖托和道（2004，90）对创造力的概念作了如下界定：创造力是能力、过程和环境之间的相互作用，通过这种相互作用，一个人或一个群体产生了一种可感知的能力，这种能力在社会环境中既新颖又有用。这个可行的定义允许研究人员、消费研究者、政策制定者、教育工作者和非专业人士使用一个共同的话语体系来讨论创造力。

研究创造力的学者们

创造力研究领域的很多学者都为该领域的发展作出了巨大贡献。他们奠定了创造力研究的知识基础，为理解这一复杂的过程提供了一个清晰的理解思路。

J·P·吉尔福特

心理学家吉尔福特（J.P. Guilford，1897—1987）致力于开发一种心理测量工具来衡量创造力。他相信所有人都有创造的潜力。然而他（1950，448）指出，我们经常听到这样的指责，即在当前的大众教育方法下，创造性人格的发展受到严重阻碍。为了经济发展和满足规定的标准，孩子们承受着服从的压力。吉尔福德的这些话写于半个多世纪以前，在许多人听来可能与今天的教育论战有很大关系。和其他许多人一样，吉尔福特（1950，454）将创造力的过程描述为四个基本步骤：准备期、潜伏期、灵感爆发期和效果评估期。他率先推动了对创造力进行的更具经验性和系统性的研究，提出日常生活中的创造力无疑取决于个体的基本特征，而不是其他能力。这其中，动机因素（兴趣和态度）以及气质因素属于重要的因素。

琼·埃里克森

琼·埃里克森(Joan Erikson，1902—1997)是一位心理学家、艺术家，也是埃里克·埃里克森的妻子。根据琼·埃里克森（1988）的观点，创造力的体验依赖于一个人理解感官输入信息的本领和技巧。孩子们通过触觉、味觉、嗅觉、视觉、听觉和动作来理解周围的环境。孩子们在这个阶段对控制感和胜任力的追求，使他们得以区分自己与肌肉组织和环境的关系。孩子们的感官探索产生了我们所谓的知觉。她认为，人类的知识库主要是通过直接经验发展起来的。大脑依靠感觉以有效和可靠的方式收集、输入信息，以形成准确的、有见识的感知。

和其他许多研究者一样，琼·埃里克森认为创造力是一个过程。这个过程包括形成新的、原创的和独特的产物。根据她（1988，26）的观点，创造性经验只要求我们拥有真正属于我们自己的东西，而我们所拥有的真正属于我们自己的东西只是我们个人积累的感官数据，这是我们真正知道的，其余的都是二手的和有争议的内容。因此，感官数据对创作过程至关重要。创造力取决于一个人收集和理解感官数据的能力。

琼·埃里克森认为，为了参与到创作过程中来，个人需要培养一种游戏意识。游戏的本质是试验、发现、集中的注意力和完全沉浸的体验，以至于一个人会感觉不到时间的流逝。

但是仅仅是好玩、有充分的感官意识，以及放慢速度并不意味着个体就一定参与到了创造性的体验中。缺失的关键因素是什么？琼·埃里克森（1988，48）认为游戏的基本要素是：创造性的经验必须是自我激活的。完全沉浸在创造性的体验中，需要选择的自由；一个人不能被告知如何富有创造力。因此，这种需要必须从内部产生。为了让孩子们注意到这种内在的需要，父母、教师和其他有爱心的成人必须提供机会和各种各样的经验，使孩子们能够表达他们的创造力。

米哈里·契克森米哈赖

心理学家米哈里·契克森米哈赖（Mihaly Csikszentmihalyi）最为人所知的是他在积极心理学方面的工作，即研究人类的优点，如乐观、创造力、内在动机和责任感。对于契克森米哈赖（1996）来说，人类有两个相互矛盾的部分：一个是关注自我保护本能的保守因素，另一个是培养创造力的广阔的探索性因素。保守的一面不需要太多的培养就能影响行为，而另一面则需要广泛的培养才能发生改变。如果释放好奇心的机会太少，如果在冒险和探索的道路上设置了太多的障碍，从事创造性行为的动机就很容易消失（Csikszentmihalyi，1996，11）。契克森米哈赖（1996，121）在他对创造性个体的研究中指出，当这些个体从事创造性追求时，他们表现出完全沉迷陶醉的状态，暂时忘掉自我、时间和环境。他把这种体验称为"心流（Flow）"。当一个人能全心游戏的时候，他便也能全神贯注于其他一切事物。当孩子和成人在这个过程中忘记自我时，他们就会完全而充分地体验到游戏和创造力的魅力。

埃里克·埃里克森

埃里克·埃里克森（Erik Erikson，1902—1994）因其关于人类发展的社会心理学理论而闻名。这一理论基于后成说（the Concept of Epigenesis）的观点，即所有个体都遵循一定的生长和发育模式（Erikson，1997，59）。埃里克森将该理论应用于贯穿人类一生的八个心理发展阶段。在每个阶段，某些力量的出现使得该阶段人们的生活呈现出一种动态紧张关系。例如，在婴儿期，信任和不信任之间的动态紧张关系。在这段时间里，孩子们从他们与周围成人和环境的经历中学会了信任或不信任他人。当这种动态的紧张得到积极的解决，也就是说，孩子们学会相信他们的需求会得到满足时，这份信任与希望就会成为支持他们这一生命周期不断发展的力量。在随后的阶段中，这个动态紧张的过程所产生的其他力量是意志、目标、能力、忠诚、爱、关心和智慧。

在整个童年时期，游戏让孩子们尝试自己与动态紧张关系的各种可能性。例如，游戏经验使埃里克森理论第二阶段中的2—3岁的孩子能够体验不同场景，以解决自主性和羞耻感之间的动态紧张关系，这就促进了意志的发展。再比如，一个蹒跚学步的孩子发现放在桌子边缘的一杯水会哗啦一声掉到地板上，发出令人非常愉悦的声音，地板上还会出现错综复杂的斑点图案。这个蹒跚学步的幼儿，便在一个理解这种探索的重要性并实事求是地对待它的成人的支持下，发现了改变他的世界的力量。这建立了他的自主性，并促进了意志的加强。

晚年的埃里克森在他的理论中加入了第九阶段，并重新审视了其他阶段及其动态紧张关系（Erikson，1997，105）。他认为，如果老年人回顾自己的生活，无法回忆起积极的经历，他们可能会有一种被孤立或被遗弃的感觉。然而，个人可以通过参与创造性的追求，如舞蹈、绘画、音乐或写作，来调和由此引起的动态紧张感。

埃里克森（1997，127）将这一阶段的生活称为超越性，这一术语论及灵魂和身体，并向它们提出挑战。它意味着超越我们一直背负的困难及无谓的执着，帮助我们看清什么是真正的成长和愿望。超越性是一个重获失去的技能的契机，这些技能包括游戏、活动、欢愉和歌唱，最重要的是一个超越死亡恐惧的重大飞跃……超越性召唤出艺术的语言；没有什么比这更能深刻而有意义地表达我们的内心和灵魂。因此，对埃里克森来说，生命周期的最后阶段应该再次充满那些在孩童时期就令人着迷的活动和经历：游戏和艺术创作。这些体验在人们内心的最深处被感知，并在个体进行创造性活动时被唤起。正如埃里克森（1997，127）所言：我相信只有通过行动和努力，我们才能成为心目中更好的自己。

创造力，艺术和学习

> 正如艺术家的精神是蕴含在他们的艺术创作中一样，儿童的精神也隐含在他们的创作之中。真正的教育能帮助儿童发现并滋养他们的精神（Frobel，[1887］2005）。

艺术创作需要所有感官的共同参与。它通过不同的媒介为儿童（和成人）提供了表达的机会，每种媒介都具有特定的丰富性和多样的可能性。当人们进行艺术创作时，无论是涉及表演、视觉艺术还是其他文学艺术，他们都会受到启发，发现不同的感知和思考的方式。

当一个人把直觉、推理、想象和敏捷性运用到不同形式的艺术表现和交流上时，这将有助于培养他的全面发展。艺术赋予人们处理日常生活中那些模棱两可、令人沮丧的事件时所必需的想象力。通过艺术，他们学会了安全地冒险。教育机构和学校可以通过重视游戏和艺术,并将其作为正式的课程来培养孩子们的成就感。

研究指出,有效的艺术教育与其他学校科目的成绩之间存在一致的、积极的关系(Galinsky,2010;Respress 和 Lutfi,2006;Sousa,2011)。艺术教育至少在两个方面影响儿童的学习。首先,它帮助儿童学习如何集中注意力,这增加了他们专注于其他认知任务的能力。其次,参与艺术活动可以激发儿童的内在动机,有助于激发儿童对其他学习科目的注意力和兴趣(Galinsky,2010,184)。儿童对想象力、创造力和反思能力的综合运用对语言习得、问题解决和高级思维技能等其他智力过程会产生积极的影响。艺术教育让孩子们沉浸在有助于培养专注、自律、合作和内部驱动力的过程中,这些都是在艺术、学校和生活中取得成功所必不可少的要素。

公共教育中的艺术教育:希望

有种观念很危险,即认为"所有艺术教育都是为有天赋的人而准备的,而不是为普通学生或有特殊需要的人而设置的",这种想法是错误的,可能会成为艺术教育的绊脚石。它认为艺术对大多数人来说只是被动的体验,认为缺乏真正的天赋使大多数人丧失了学习绘画、演奏乐器、进行舞蹈或表演的资格。显然,学生在艺术方面有不同的资质和能力,但不同并不意味着不合格……我们期望所有学生都具备数学能力,因为数学知识对塑造和推进我们的社会、经济和文明发展至关重要。然而,从来没有人提出过这样荒谬的观点,即只有那些数学天赋足以作为数学家谋生的人才应该学习除法或代数。因此,天赋也不应成为决定艺术在个人基础教育中的地位或价值的因素(全美艺术教育协会,1994)。

释放直觉

直觉是高速的智力(Fuller,1972)。

戈尔曼(1995)指出,知道一件事有两种方法。其一是通过头脑的理性思考。第二种是通过内心的情感或直觉。直觉是指不需要理性思考就能知道或感觉到的东西。他认为,心灵比头脑提供了更强大、更深刻的理解。直觉包含了比理性思考更强烈的情感和感觉,以及更深层次的信念。

因此,直觉包含了所有未经合理化或推理而产生的思想或想法。当与开放性的游戏材料互动或用其进行探索时,直觉的灵光一闪会使游戏参与者对正在探究的内容有更深层次的思考。在我们的游戏工作坊中,成年参与者被要求相信他们从直接的感官体验中感知到的学习过程,并重视直觉所提供的洞察力。

戈尔曼认为理性思维和感性思维这两种认知方式虽然经常和谐运作,但在许多情况下仍然是分离的。游戏和艺术创作为这两种截然不同的思维方式提供了有效的整合途径,打破了严格的逻辑思维和更感性的直觉思维之间的壁垒,使个体能获得更全面的理解。

打开通往合理世界观的大门

艺术和科学都寻求一种合乎逻辑的世界观。但是,科学研究常常被描述为客观的、逻辑性的、分析的和有用的,而艺术研究却常常被标记为主观的、直觉性的、感性的、独特的,甚至是轻浮的。但正如艾斯纳(2003)解释的那样,它们的共同点也许比人们通常认为的要多:

> 科学的产物有它们自己的美学特征——理论的简约、概念模型的美丽、试验的优雅,以及解释的想象力和洞察力。事实上,一件科学作品被珍视的品质往往不仅与它的解释力有关,也与它的审美吸引力有关。
>
> 毕竟,理论是对世界的一种看法,是获得合理世界观的有效途径。合理性是如此重要,因此当那些有吸引力的观点自相矛盾时,我们只好放弃它。

的确,一件科学作品之所以受人珍视的原因往往与其美学吸引力和解释力相关。科学也展示了艺术所重视的一些特征。冒着过分简化艺术与科学之间差异的风险,在创作的语境中,可以说科学作品就是艺术作品。

然而,许多教育系统仍然不重视艺术的价值。柏拉图和其他一些人认为,情感和直觉只能提供幻觉，只有通过智力，人类才能达到理解水平。然而，这一观点受到神经学家、认知心理学家、量子物理学家的质疑与挑战（Goleman，2006；Sousa，2011）。智力和感觉现在被看作是一个二元系统，彼此相互作用；个人的理解能力依赖于两者的共同作用。科学家和数学家都认识到了艺术的重要性，那些在艺术表达中所培养出的能力，如精确探测、空间思维、直觉感知等，在逻辑性的领域中同样被需要（Sousa，2011）。教育需要在艺术与科学之间取得平衡，而整合的艺术科学课程是一个值得尝试的解决方案。

让游戏重新点燃创造力

达克沃斯（2006，1）认为："拥有美妙的想法是智力发展的本质。"智力的发展必然借助于创造力，同时创造力也是进行批判性探索的方法之一，是刺激批判性思维的工具。

使用简单、低结构的材料来支持探究性行为，有利于个体提出想法、见解和问题解决的方案，是为创造力赋能的有效方法（Limb和Braun，2008）。在与这些材料互动的过程中，个体通过感官探索和自我发现，将思想、身体和精神整合在一起。

研究者认为自发的、开放性的游戏更有可能激发出源源不断的创造力，因此这类游戏成为了被关注的焦点（Csikszentmihalyi，1996）。就像孩子们进行游戏的时候一样，教师在工作坊中将他们的创造性感官体验融入了自己的思想。教师通过想象、解释和预测，并利用文字、图画或游戏体验之外的其他行为来表达思想，由此激发而来的创造力加强了他们思考、感知和与他人进行更深层次交流的能力。

萨拉是一名教师，她描述了自己在一次游戏工作坊中的亲身体验。这份日志展现了在游戏的过程中，生活中的伤心事是如何有了微妙转变，并揭示了这种奇妙经历是如何使创造力得到发挥的。

◎就在参加这次游戏工作坊的前几天，我刚刚失去了一个孩子。

> 我并没有太多的独处时间来真正地思考和处理我的情绪和感觉。我曾自欺欺人地以为如果自己一直保持忙碌的状态，就会更容易地渡过难关。游戏开始后，我沉默地移动着红色的钉子，慢慢地，我发现自己拼出了一个心形。这让我意识到我有多爱这个孩子，我非常努力地抑制这种情绪，因为我害怕受到伤害。然后，我开始哭得很厉害，甚至不得不离开教室。过了一会儿，我回来了，但我不确定我是否能完成游戏。事实证明我做到了，我意识到我需要给自己一些独处的时间。
>
> 这对我来说是一个感人的时刻。我之前甚至不知道游戏还能是一种解决问题的方式。我不知道自己之前都在做什么。我以前从未经历过这样的事情。我真的没有花任何时间来思考已经发生的事。音乐、材料和时间有利于我们释放情感。我相信孩子们也会不断经历情感事件，虽然他们还不能准确地描述自己的心理活动，但是他们能够通过游戏来处理这些情绪问题。

在以上日志中，我们看到了萨拉对游戏本质的思考过程以及她对游戏之于儿童个体发展的重要性和意义的新认知。她的日志既反映了她的外在游戏世界（用红色钉子拼成一颗心）的内容，也反映了她对自己的行为如何与内心世界和情感生活相联系的认知。她的话语之间体现出她开始理解孩子们也可以通过游戏来战胜消极情绪和困境。

游戏唤醒了智力发展和整个人类健康发展所必需的创造力。儿童和成人都能体验到这种益处，这就是萨顿-斯密斯（2001）所强调的"强化适应性"。游戏是乐观情绪的主要创造来源，它能提高个体适应变化的潜力和可能性。换句话说，游戏参与者可以在鼓励他们冒险的环境中大胆地尝试解决问题的各种方法，这些方法日后可能会在现实情境中得到应用。

创造性的游戏能同时激发感性和理性的认知方式；这往往能培养有目的的行

为。从游戏中产生的创造性可以使个体在先前经验之上不断提升，并努力克服可能使注意力分散或阻止进步的各类障碍。例如，一位陶醉于创作过程的艺术家在遇到创作瓶颈或障碍时，他不会原地停滞，而是会尝试换一个角度或换一件事情去做。在从事其他诸如游戏等充满创造性的活动时，个体在潜意识中会不自觉地思索各种新的可能性，从而能够聚精会神、热切专注、灵感满满地重新回到创作过程中（McNiff，1998）。由此可见，游戏中蕴含的创造力有助于个体成功地建立自我认知。

专业实践中的创造力

专业实践中的创造力意味着为教育问题找到新的、独特的解决办法。尽管最终的结果因人而异，情况因人不同，应该具体问题具体分析。但为了大家更好地理解，创造力的发展必须有一个相对具体的操作步骤。戈尔曼、考夫曼和雷（1993）认为，创造力的发展包括以下几个阶段：

1. 准备期：个体沉浸在问题中并寻找相关信息。

2. 挫折期：当理性思维达到极限时，个体就会陷入困境。

3. 孵化期：个体慢慢地让问题发酵（"睡在问题上面"），潜意识里的想法可以自由地与其他想法重新结合。这就是所谓的直觉。

4. 顿悟期：灵光一闪，问题的解决方案突然出现了。

5. 转化期：个体将这种灵感转化为现实（行动）。

以上这一理论可以为教育工作者所借鉴。教师在职前教育阶段及初入工作岗位之时就已经开始进行教学准备了。在这一过程中，他们经常经历第二阶段，即挫折期——这一过程经常消耗了教师大量的精力。然而，挫折期是创造性过程的重要组成部分。第三阶段是孵化期：在这个阶段，教师需要退一步来审视教学，尝试从一个不同的视角看待问题。这就是动手操作、开放性游戏在创造性的专业实践中的适用之处。通过游戏体验，教师解放了自己的思想，当思维自由发散的时候，就迎来了激动人心的"哇"时刻（精彩时刻）。最后一步是转化期，当教师采取具体行动时，他们不再因迷茫困惑而固步自封，也不再因害怕理想破灭而裹足不前。

　　自主游戏使教师具备在与儿童及其家庭相处时发挥创造力功能的知识、能力与意向，为教师的转变奠定了基础。来自工作坊参与者的日志、照片和访谈记录都表明：当教师通过自主游戏积极地追求专业发展时，他们能够更好地洞察孩子们的学习行为。这通常会使得他们自己的教室也发生着变化：教师开始重视低结构材料与生俱来的相关于学习的无限可能性，并渴望为孩子们提供这些材料，让孩子们去探索。在第六章和第七章中，我们将深入探讨其中的一些案例，以此论证如何通过游戏使专业实践发生转变。

　　理解创造力的发展步骤可以帮助教师在遇到挫折时坚持下去，并允许创新型的解决方案实现。然而，创造的过程可能会受到各种因素的阻碍，陷入"文思枯竭"或"江郎才尽"的状态，即在困境中无法继续前行。麦利夫（1998，76—77）讨论了创造力受阻的一些原因：

1. 控制塔——理性试图控制创作过程。
2. 不可能的期望——完美主义会导致恐惧和无力感。
3. 沮丧——过度的专心致志和固执己见。
4. 不自信——完美主义的对立面，这也会导致恐惧和无力感。
5. 拖延——不开始。

教师必须反思那些可能阻碍自身专业发展的行为，例如过于追求完美、向绝望屈服，或是推迟他们需要做的艰苦工作，让别人告诉他们做什么和怎么做。如果教师发现了任何在专业实践中影响创造性发挥的障碍，他们都需要竭尽所能地去克服这些障碍。

　　例如，完美主义者亟待解决的主要问题是需要在未知中感到舒适。教师不能也不会对所有的事情都有所准备，教学过程中存在一定的模糊性。在模棱两可的状态下想按部就班地维持常态是很困难的，尤其是在这个要求教师时刻掌握所有答案的问责时代。但事实是教师不可能知道所有问题的答案！正如麦克尼夫（1998，81）所言："创造过程中最基本的技能是在不同的世界或不同的存在方式之间自由迁移的能力。"教师有权利在一种模棱两可的不确定状态中感到自在，在不同的存在方式之间来回切换，这正是游戏状态的主要构成部分。

教师需要变得更加灵活，尤其是在与孩子们打交道时。每个孩子都是独一无二的，为了更好地学习和成长，不同孩子的不同需求必须得到满足。负责平衡所有发展领域中出现的差异是一项艰巨的任务。当代的教师需要能够接受模糊性与不确定性。困难从来不会缺席，但与之匹配的、有效的、富有创意的解决方案却很难寻觅，教师必须积极主动地去寻找这些方案。

专业实践促进教育变革

政治家、政策制定者、教育领袖和公众都认识到一点——改变公共教育的时机已经成熟。但这种改变应该包括哪些内容呢？如果我们的意图确实是将其变得更好，应该如何操作呢？我们支持系统的改变，并鼓励使用创造性的方法来实现它。如果各个研究项目和学校系统继续穿新鞋走老路，以同样的方式重复做他们一直在做的事情，那么他们只能继续得到同样的结果。若真是这样，真够可惜，也足够荒唐。我们倡议通过教师自身专业实践的转型来推动教育界发生真正的、积极的变化。

根据里夫斯（2004）的研究，多年来，学校改革一直依赖于曾在课堂上行之有效的两大研究思路。第一种思路是照本宣科法：使用脚本化的教学材料。大部分教师生搬硬套，只是简单地在课堂上阅读教学材料或严格依据既定计划开展教学，而教师本人对教学过程投入很少。第二种思路是探究式教学法。这需要不断的发现和个人参与，因为教师在影响课堂的决策过程中扮演着积极的角色（Reeves, 2004）。

我们关于学校改革的想法遵循第二种方式。它包括在专业实践中运用创造力，以及解决当今教育工作者所面临的问题。然而，为了完成这项艰巨的任务，教师需要一种赋权感以及倡导和践行先进方法的理念和信心，这些主题通常恰好就是我们在游戏工作坊中所讨论的。

创造性的过程作为专业发展不可分割的一部分，可以为教育变革带来巨大的可能性。我们认为，在变革式的专业发展中，教师必须致力于改变自己的思维定势。我们讨论的是帮助教师在跟孩子们的相处过程中做出新的、独特的改变。教师的创造力程度取决于几个因素，这其中就包括他们自己关于创造力的信念体系。探究式教学法，也就是前文提到的第二个学校改革的途径，鼓励教师深入思考自己的价值观并转变自身的实践。因为，我们坚信——一位富有创造力、积极主动的教师就能引起一次学校的变革。当教师自身渴求发展、尝试改变，并坚信自己能做到时，他们就是在追求卓越，这正是变革专业实践迫切需要的成果。

教师赋权和教育自主权正在受到侵蚀，在许多情况下，僵化的课程取代了它们。然而，创造力开启了新的可能性、新的希望和新的视野。在第四章中，我们将探讨游戏如何激发创造力，并将思考在专业实践中如何培养复原力。为了达到自己最理想的状态，教师可以克服激发创造力过程中的一切障碍。

第四章
自主游戏过程中的基本要素

虽然批判性反思曾一度被认为是一种理性的学习方式,但研究表明,它其实是一种情感上的认知方式,它优先考虑经验,并为学习者明确在反思过程中对个人来说最重要的是什么(Taylor, 2009, 4)。

建设性的、探究性的和戏剧性的游戏应该是早期教育的核心。游戏体验是儿童形成对自然世界的早期理解、数学和早期识字概念,以及社会交往能力的关键。然而,在许多早期护理和教育项目以及整个美国社会中,游戏的价值被严重忽视和低估了。

埃尔金德(2004,41)描述了教师如何通过给孩子们提供充分发挥想象力的材料来帮助他们……当然,仅提供材料是不够的,还要给孩子们充足的时间来创造性地进行探究,并使用这些材料。在专门服务于早期教育工作者的游戏工作坊中,开放性的、可重复使用的资源成为成人自我发现的材料。这些材料的不同寻常的属性唤起了充分的感官体验,让参与者感知到材料、游戏和自身生活之间的联系。

操作性游戏和反思性体验能帮助成人更好地洞察儿童的学习过程和教师的教学过程。就像孩子们沉浸在游戏的幻想中一样,成人也能重新发现自己游戏和创造的乐趣及重要性。自主游戏工作坊遵循建构主义的原则,创造一个学习型的微型社区,在这里,成人通过动手游戏来建构他们自己的知识,反思他们的游戏经验,并尝试与同伴合作。

这种教与学的方法建立在五个指导性假设的基础上:

1. 每个儿童和成人都有一种主动体验并表现创造力的发展需要及内在驱动力。

2. 具体的低结构材料是展现创造力和自我表达的一种强大媒介。

3. 擅长游戏的儿童和成人会发展出胜任感、力量感和自我效能感,更相信自己有能力达到或实现目标。

4. 游戏可以培养人的各种能力，如解决问题的能力、坚持不懈的能力和协作能力，这些能力可以让人受益终身。

5. 游戏工作坊主要是依靠一系列建立在参与者经验基础上的体验来促进参与者对教与学产生新认识，以此引领参与者的专业成长。

举办独特而有趣的自主游戏工作坊的目的是促进和加强以游戏为基础的学习，并将其作为儿童发展适宜性练习的一部分。当教育工作者进行开放性游戏时，他们更加了解材料提供的目的、使用方法和有意义的教学策略，并能更好地帮助孩子们在所有学习领域发展基本概念和技能。

游戏工作坊为参与者制定的目标如下：

1. 游戏者通过使用低结构材料，感知高质量的自主游戏。

2. 建构、实施、评估新的教学方法。

3. 加强参与者对自己看法的重视程度，进行更多的反思性实践。

4. 加深参与者对自己在学习过程中的角色的理解。

接下来我们会深入研究自主游戏过程的各个环节及要素，这有利于为游戏工作坊的顺利开展打下基础。这些环节看起来很简单，但每一个都至关重要。

准备阶段

物质环境的准备和心理氛围的营造

在专门为成人开设的游戏工作坊中，首要环节是营造一个让参与者感到安全和被接纳的环境。在这里人们可以卸下防备，放松心灵并轻松集中注意力，在没有外部评价和判断的情况下自由探索材料并参与谈话。开展工作坊的教室应宽敞、明亮，条件允许的话最好能铺上地毯。椅子沿着墙根摆放，应使每个人在地板上都有足够的活动空间，保证参与者摆出的延展性的图案或大型建构作品不会与邻座的产生冲突。可以用柔和的钢琴曲作为背景音乐。

工作坊的主持人或游戏教练会安排各种有趣的活动，在教室的地板上摆放有吸引力、有组织的低结构材料。这样便于参与者辨认、关注、选择这些材料，并在创造性和建构性的游戏中使用它们。这个游戏空间被细心地保护起来，不受电话、噪音、人们的谈话声或其他可能因素的干扰。这样整个团队的创造性游戏过程及反思活动就不会被打扰。

低结构游戏材料

游戏工作坊使用各种开放的、无固定功能且便于操作的可循环再生材料。应该准备足够数量和种类的材料，以确保所有参与者都有一套属于自己的、与众不同的操作材料，这有助于避免参与者之间进行比较和竞争。可循环再生材料（见前几章的例子），例如黏土、油漆、砖块和沙子，都是非常完美的操作材料。每份材料应包含丰富的内容，允许参与者自由表达、重复和探寻各种物理模式及想法；这也有利于加强材料和参与者自身想法之间的联系。所有这些互动都能强化认知过程，这一过程包括了问题分析、解决、综合与评价的能力。

第一次参加游戏工作坊的人常常会想，我该如何处理这些不同寻常的材料呢？正如琼斯（2007，29）所说的这样：

> 游戏是选择、行动和享受的过程。你可能不喜欢这个选择的过程，但选择正是通往真游戏的大门。所以你必须做出选择！就像孩子们在幼儿园做的一样。游戏是一种需要练习的技能。"我现在该做什么？如果我做了会发生什么？"——会自主游戏的人比那些等着别人告诉他该怎么做的人走得更远。

等环境创设恰当、材料提供到位之后，工作坊就可以开始了。

手，心，脑工作坊®

"手，心，脑工作坊®"于1989年首次被自我教育学院用作专业发展和领导力

> 培训工作坊的标题。它是一个注册商标，象征着浸入式体验的独特教育过程。低结构的、立体的材料有助于调动人们的身体、情感、精神、注意力和敏感性。自主游戏有利于原创行为及自我发现的发生。
>
> 这一工作坊的初衷是为儿童和早期教育工作者服务的，现在各个年龄段的人都可以积极参与其中。这个模式是一个动态的、整合的过程，需要运用双手，集中思想，打开心灵去建构深刻的、可迁移的知识和意义。我们提出的这个工作坊模式并不是培养自主游戏的唯一方法，只是各种方法中一个比较成功的案例。

游戏工作坊的实践

游戏工作坊的游戏教练先为参与者提供独自游戏的机会和时间，请他们通过记录个人日志、同伴分享和小组汇报来反思自己的经历（我们将在下一章深入讨论游戏教练的角色）。独自游戏之后是合作游戏，以及相关的反思和讨论。我们将按工作坊活动开展的实际顺序进行介绍。

独自游戏

参与者经人介绍，加入工作坊。当参与者到达时，有些人可能会独自在房间里靠墙的椅子上坐下来；另一些人可能会四处走动，观察地板上一样样精心摆放的材料；还有些人可能会三五成群地坐在一起。

参与者可能会对眼前材料的种类之繁多感到惊讶。很多人通常会因为这些不寻常的材料而感到兴奋，这有利于激发想象力和好奇心。

一位游戏教练（或多名教练）会言简意赅地介绍游戏的概念并介绍工作坊的活动时间表。这是一个体验并反思游戏的时间，重要的是要让参与者明确知道游戏中没有隐藏的议程或其他评价活动，因为如果参与者认为自己可能会被评判或认为特定的结果是被预期的，那么游戏体验就不会让他们感到安全。教练鼓励参与者在独自游戏时不要说话，只专注于自己的想法、创意和行动。

参与者自主选择并使用一套操作材料。在介绍完相关事项之后，所有的参与者都走到教室中间，开始探索这些材料。一旦触碰到材料，他们的注意力就会被完全吸引。他们会进入游戏空间，在那里，参与者内在的知识、先前的经验都会与情感融合，并通过游戏的形式找到表达的渠道。渐渐地，他们能进行更深层次的思考，这一过程也许是在灵光一闪或顿悟之后发生的。独自沉浸在游戏中的体验不仅是平和、宁静的，也会使人迸发出丰富的意象、洞察力和各种不断变化着流动着的想法。这通常会带来幸福感和归属感。正如福禄贝尔（［1887］2005）所强调的：富有表现力的游戏使人精神振奋。

如果想要更好地理解在操作低结构材料时产生的创造性力量，请阅读以下诗歌。想象一下你会用这些材料做些什么。

有趣的可能性

白桦树干做成的圆木片，

金色塑料指套，

破旧的相框，

光滑的木销子，

纤维板圆片，

纸板做的锥体和纺锤体，

做发型的黄色塑料圆筒，

白色陶瓷火花塞，

红色柔软的毛毡圈，

五彩缤纷的木头珠子，

白色泡沫做的楔形蜥蜴，

闪闪发光的五彩纸屑，银色、红色、蓝色的，

黑色和白色的纽扣，米色的也有，

大自然馈赠的竹子、树干和细枝，

旱冰鞋下卷起的刨花，

坚固的泡沫块，有粉红色和蓝色的，

抛光后的河流中的岩石，

松果、橡果、沙子和贝壳，

来自农场的石头，轻的和重的都在你的掌心中，

闪亮的手镯和金属戒指，

小小的银色金属响板，

积木、颜料和黏土，

金色和银色的塑料圆盖，

毛线织物的边角料，

成卷成卷的纱线，

丰富多彩的氨纶织物，

成卷的丝带和拉菲草，

色彩缤纷的胶纸，

金灿灿银闪闪的聚酯薄膜，

蹩脚的织物，

光滑的枫木、红木和山毛榉木的木屑。

现在这些物品在这里被展览，

这是一个非凡的创造力万花筒，这是一个无比欢乐的时刻。

视觉分类，组织，制作，

可感知的美蕴藏于图案、设计、结构及不同的游戏形式中，

在颜色、形状、质地中自由放飞想象力与创造力。

以前从未见过的发明，

为科学、技术、工程、数学和艺术的行动奠基。

这是关于我们都将成为艺术家、建筑师、设计师和工程师的预言故事，

戏剧作家、演员、法学家，以及在人生舞台上达成和解的人，

朋友、老师、父母、官员，

他们知道并关心我们是谁,我们会成为什么样的人。

一束缠绕扭曲的线,

生日蛋糕,宇宙飞船,快乐的婚礼,

由许多人组成的龙在跳舞池里摇摆。

现在回忆起很久以前的家庭暑假时光,

一个动物园,一个农场以及我的邻居们,

高塔的回忆,

一个有趣的数学游戏,

蓝色织物的河流蜿蜒穿过小石头组成的峡谷,

纸板和泡沫板搭建的梦幻城堡和家园,

蜥蜴、熊猫、清晰的脸,

清晨的阳光从海边倾泻而来。

——弗朗索瓦·勒皮勒尔(Francois LePileur)

独自游戏会持续约20分钟,在停止前5分钟会有时间提醒。如果有人希望在规定的时间之外继续探索,这也是被允许的。

参与者反思他们安静的独自游戏。在独自游戏接近尾声时,教练为参与者准备从游戏到反思的过渡。参与者闭上眼睛,花一分钟时间反思他们的经历。然后,教练会问一些开放性的问题,让他们思考,比如,当玩游戏时,他们会产生什么想法、问题或回忆?

以下是一位工作坊参与者的反思日志:

◎在我的生活中,我总是渴望秩序感和控制感。有人告诉我,我看到的东西都是非黑即白的。这可能与一个事实有关,那就是通常我的艺术必须看起来像那么回事,这样我才能在完成时感觉到它的价值。

> 当我被一堆扭曲的铁丝所吸引时,我决定满足我对秩序的需要。当我游戏的时候,我对整理的过程很满意,并把它理得很整齐。当我旋转和缠绕铁线时,我体验到了渴望已久的控制感,我觉得自己正在把铁线变得更漂亮,这样每个人都能看到它的无限可能性。

参与者也可以在反思过程中绘画。绘画是另一种有效的反思工具。教练可以建议参与者用涂鸦、绘画等方式来描述他们的经历。这些绘画作品就是对他们游戏经历的或抽象或准确的表达。

参加者分享他们的故事。在个人写完反思日志之后,参与者将结对讨论他们独自游戏的体验。两个人花三到五分钟分享彼此的游戏体验。在分享时,一个人说话,另一个人听,直到说话者完全讲完为止,这与典型的来回对话不同,它能使说话者有最大限度的、不受干扰的机会来表达思想、感情和经历。这一练习的主要目的是让说话者在把自己的游戏体验分享给别人的同时,能够听见自己内心深处的想法。

在与同伴相互分享5分钟后,所有参与者作为一个整体聚集在一起。在随后约30分钟的时间内,他们通过描述自己所做的事以及发生在各自身上的故事来与所有人分享自己的经历。

一名参与者分享了他如何利用游戏的过程来向学生传递游戏和艺术创作中的美学。他像讲神话故事一样给学生诠释创造力和游戏的魅力。他反思了自己的这一行为是如何推动实践的。

> ◎他们可能是巨人,来自巨人谷,生活在你所处的时代之外。这是一个由金银人组成的王国。"蒂拉基帕塔利"是一个金属人,强壮而有

创造力，古老却永远年轻；他是游戏之王，是舞蹈的领衔者，他指引出通往另一个世界的道路，这个世界充满魔法、神秘色彩和深邃的智慧。

我们必须和家长一起做这项工作——这是家庭教育的一个模式——因为家园合作的倡议就是从这里产生的。游戏将我们与过去、现在和未来联系在一起。

一种精神上的联系，一种与你对话的材料，即一个有丰富资源的回收中心。在我们的生活中我们能做些什么来重新进行游戏……把积木拿出来，解决抑郁的方法就是花时间去玩，缓解我们的压抑感。

如果你想让自己的学生好奇，你自身也必须具备好奇心；否则我们就会错过分享过程中最重要的部分。

如果有时间，整个团队会在教室里进行一次有价值的、愉快的漫步和交谈，以分享和欣赏彼此的作品。

合作游戏

在工作坊的这一部分，参与者以小组的形式一起建构共同的作品。

介绍参与者进行小组合作游戏。 接下来，参与者组成两个或更多成员的小组，一起选择各种材料。合作游戏允许相互交谈、四处走动等行为，因为人们通过合作往往能激发并释放出旺盛的能量；分享个人的见解可以提高团队合作的效率。合作游戏有其自身的特性、目的和独特的内容。这类游戏中发生的情节与孩子们在一起玩时发生的情节是如此相似。

参与者研究这些材料的特性，寻找用它们来表达想法和感受的方法。他们想象如何把这些材料整合到教室中。例如，他们探索材料如何应用于通用核心标准、STEM（科学、技术、工程和数学）教育，或者像一些教育家建议的那样，应用于STEAM（科学、技术、工程、艺术和数学）教育。当参与者意识到这种激动人心的联系时，会说："我能做到！我对这个想法很感兴趣。我想找到这样的材料来和孩子们一起使用！"

每个人都能这样说。但实际上，只有直接的、感受性的参与和体验后，才能真正地理解并重视它。在这里，阅读、写作、交流虽然是个体分享自主游戏经验的重要手段，但却不能替代亲身体验在个体理解自主游戏中的作用。

参与者在小组内部反思他们的经历。这个反思阶段是介于游戏和集体分享之间的一个短暂的小插曲。小组成员互相分享他们的想法和感受，并接受同组同伴的评论作为个人有益经验的积累。作为小组反思的一部分，教练鼓励参与者在日志中做笔记和画图。

所有参与者共同参加集体讨论。最后，集体讨论的目的是帮助参与者分析他们的经验与各自的工作（无论是对儿童还是对家长）之间的关系。教练可以用这样的问题开启讨论："你从这次经历中学到了什么？"在这段时间里，参与者继续在他们的日志中做笔记，反思本次工作坊与自身及工作中的孩子们之间的相关性。利用他们个人的、直接的游戏体验，参与者得出推论，讨论含义，并考虑将所学所获应用到以后的教育实践中。

案例分享：三小时游戏工作坊的活动大纲

9∶00 欢迎参与者并进行简单的活动介绍。

9∶15 用选定的材料进行安静的独自游戏。每个参与者选择一套游戏材料。当参与者操作时，教练在房间里安静地走动观察，但不要打扰参与者的游戏。

9∶59 反思。参与者闭上眼睛一分钟，思考他们的游戏体验。

10∶00 通过写日志和绘画进行反思。参与者描述他们使用的材料，他们用这些材料做了什么，发生了什么。

10∶15 两两成对，参与者轮流讲述并认真倾听同伴分享游戏体验。

10∶30 集体分享。参与者分享他们的游戏体验，教练给予必要的回应，可以适当地提出意见或问题。如果时间宽裕，整个团队可以在教室里四处走动、谈论，查看每个人的建构作品并讨论它（这可能不适用于人数众多的群体）。在进行

> 合作游戏之前，参与者可以稍作休息。
>
> 11：00　合作游戏。将参与者分成若干小组，按小组进行合作游戏。小组内共享他们的游戏材料。教练观察并协助大家的游戏。
>
> 11：30　小组反思。参与者在小组内部讨论他们的经历。在他们的日志中，他们可以记录他们使用的材料、做了什么、发生了什么。
>
> 11：45　集体分享。游戏教练引领大家讨论发生了什么，学到了什么，以及如果将来要在自己的教室、员工发展工作室和家庭教育项目中应用这类实践，需要怎么做。
>
> 12：15　总结和结束语。
>
> 12：30　活动结束，告别。

▲ 将自主游戏与科学、数学及读写能力联系起来

早期儿童教育的标准和结果越来越受到重视，这促使早期教育工作者更加关注教与学，比如关注数学和读写能力的培养。然而，早期教育工作者很难取得各方面的平衡，例如：到底什么是更适合儿童的呢？怎样才能使教学内容、教师对发展的理解以及对游戏在学习过程中的重要性的认识达成一致呢？

在马萨诸塞州牛顿市的教育发展中心，美国科学基金会资助的一个项目已经花了很长一段时间在探讨这一问题。有关青年科学家的系列研究（例如Chalufour和Worth，2004）便是建立在这样一个前提之下的：为世界上各类事情发生的原因与方式探寻合乎逻辑且充分的理论是高质量学前教育的重要组成部分。这种科学教学方法得以实施的前提是经验，而这些经验根植于丰富的材料和各种现象中。同时它也包括许多让孩子们反思这些经验的机会。教师引导孩子们从他们的经验中，形成关于特定现象为什么发生以及如何发生的合理理论。

例如，我们知道积木和其他材料的搭建经验为儿童自身建构科学经验提供了经验基础。但孩子们在建造房屋时，除了仅仅体验重力和物理定律之外，其实还能了解得更多：他们还能形成为什么他们的建构作品能屹立不倒或轰然倒塌的

经验。为什么胡安用泡沫作为他建构作品的地基而珍妮特不这么选择？如果从乔治和詹妮尔的桥上移除绿色的物品会发生什么？搭建屋顶最好的材料是什么？为什么这些是最好的材料？作为游戏工作坊的参与者，波士顿的一位幼儿园教师解释道：

> ◎ 当然，曾经的我会问："跟我说说你的城堡吧。谁住在那里？"但我从未能更进一步。现在我总是问："为什么那个能保持直立而这个却不断地摔倒？"或者我问："当你把木块放在上面时，为什么你的作品会倒塌？你认为如果……，会发生什么吗？"这并不是说你需要特殊的材料；相反，这是一种提问和观察孩子们的方式，真正地促进了他们的思考。

数学和读写能力也可以整合到游戏体验中，尤其是在探究活动和项目活动中。使用数学方式来描述和记录观察结果是回顾过程的关键。例如，孩子们可以测量和比较他们的建构作品。在整个项目中，建立小组内部公用的语言和锻炼读写技能是交织在一起的，这与概念学习也有着密切的联系。孩子们在规划中可以交流和分享他们的想法，用口头语言或书面语言来描述或评论项目工作，还能通过阅读学习相关内容。

帕特是一名小学教师，他将一个游戏工作坊的新观点应用到课堂教学活动中。她发现班级的孩子们对太空探索很感兴趣，于是她收集了循环再生资源（泡沫块、木材、瓶子、塑料袋、竹子、化妆帽和纸板），并邀请他们建造一个空间站。班级内六个孩子分为一组，一共四组。他们将科学、数学及读写能力融合成一个复杂的认知过程。学习过程从合作绘制空间站的三维结构开始，逐步发展到以对话、日志和绘画的形式进行经验分享和成果汇报。

一个叫瑞恩的孩子画的图和标签表达了他对小组活动的看法，他的描述显示了他的兴奋点：我们有太空探测器发射器、逃生舱、训练营、太空实验室、着陆平台和其他东西！它意味着生活和学习的空间。

参与游戏工作坊的家长也会以新的眼光来看待孩子们的游戏并重新评估自己在促进家庭游戏方面所扮演的角色。许多人开始质疑他们允许孩子们看电视的时间和他们提供的玩具种类。一位家长从工作坊回到家里后，清理了孩子们的壁橱，扔掉了那些不鼓励创造性表达的玩具。

几十年前，儿童科学教育的早期研究者之一艾伦·莱特曼（1968）写道：为儿童创造一个富有成效的学习环境的唯一且最重要的因素是教师对与儿童一起探索科学材料这件事感兴趣。最近，莱特曼问了我们一个重要的问题：需要如何才能有意义地回答学生的问题？根据莱特曼的说法，教师的回应是在学生的思考过程中提供有趣的、能动手操作的材料。这些材料随后成为开放教育学习的前提。这样做的目的是让孩子们乐于学习（内容源自与莱特曼的私人信件）。

请务必牢记：教师的角色不仅仅是提问。教师需要负责材料的选择和创新环境的营造，这包括教师在与儿童一起探究材料的同时又不妨碍儿童自身独立的探索。莱特曼建议，通过这种方式，教师可以通过创设有趣的、亲身实践的操作性游戏来激发不情愿参与活动的孩子们，使他们发现更多的信息。

小结

这种形式的自主游戏工作坊反映了孩子们认识世界的方式是从经验中建构知识。物理模型或物理结构是催化剂；孩子们在具体的元素中组织和集中思想。将游戏的视觉形式与反思性对话联系起来，会带来更为丰富和清晰的体验。成人游戏工作坊是宝贵的专业发展机会，它为教师提供了以下这些机会：

1. 探究在学习过程中自身的角色。参与者从儿童的探究性活动、建构游戏和表演游戏中探寻新的方法来实施以儿童为中心的教学方法和策略，以拓展儿童的兴趣和经验。

2. 深入了解和反思自身在儿童学习中的作用。参与者进行有指导的讨论，与同伴分享经验，并将这些经验与教学联系起来。通过反思，教师对这一过程在儿童发展和学习中的作用有了更深刻的认识。

3. 开展反思性教学实践。指导和提问激发了反思思维，加深了分析技能，为教师使用这种反思作为他们评估和规划过程的一部分做好了准备。

4. 探究、实施和评估新的教学方法。参与者在协作的团队中一起工作，发展新的合作关系，探寻新的更有效的教学策略，并思考记录在评估和规划中的作用。

当拥有一个精心创设的游戏环境、丰富的低结构材料和一个敏感的游戏教练时，参加工作坊的教师可以重新关注和思考游戏在儿童发展中的作用。正如本章中所讨论的，体验游戏的过程通常会培养洞察力，并改变参与者对早期教育的态度。在下一章中，我们将更深入地探讨游戏教练的角色。

第五章
游戏教练的角色

游戏是宇宙中一直被忽视、从未被歌颂的奇迹;游戏是一个不眠不休的创造者,尽管它的规则种类繁多且变化万千,却能被和谐所统一、所主宰(Ransohoff, 2006, 29)。

成人游戏体验成功的关键是需要一位优秀的游戏教练，他能促进每个参与者的创造性表达和自我发现。教练相信参与者能充分利用他们的游戏体验，并对他们的反思提出深刻的见解。游戏指导的核心是一种服务似的领导方式，在这种领导方式下，教练帮助、指导和支持参与者的游戏体验。

使用基于游戏的、面向过程的专业发展方法，并不是要针对课堂问题提供快速、简单的答案，而是要激发教师的使命感，激发他们对教学的创造性和热情，并使之在实践中加以运用。用这种方式，游戏教练致力于培养参与者的健康情绪和自由，这将促进更有目的、更有效的早期教育。

敏锐的游戏教练

正如第二章的游戏原则中所强调的：理解和信任一个人的自我直觉是很关键的。因此，没有什么比扮演教练的角色更重要了。教练必须对游戏体验的可能性有深刻的认识和敏感性，对参与者和他们自己都是如此。这种直觉意识包括但不限于理解在游戏工作坊中为参与者主动地进行自我表达创设安全和自由环境的重要性。

因为游戏教练清楚地了解参与者对游戏过程的不同反应，所以可以帮助和支持参与者从他们的经历中获得意义。教练认为成人游戏者是有能力的（能书写、会说话、能思考），能够进行正式的操作和逻辑思维（Piaget 和 Inhelder，1969）。因此，教练的指导就成为支架，可以在小组开始游戏体验时辅助参与者进行思考；参与者可以在自己的教室中使用这样的支架（Jones 和 Reynolds，2011）。正如福禄贝尔（[1887] 2005，279）所言："在生活中通过动手操作来学习一件事比仅仅通过思想的口头交流来学习要更具有发展性、操作性和有效性。"

敏锐的教练能明确地意识到开放性游戏的神奇力量，也能体会自己在帮助参与者发现其自身创造力方面的作用。敏锐的教练相信，利用游戏材料与奇思妙想来开展有技巧的游戏活动有利于引导成人和儿童培养胜任感和主动性。因此，教练可以预见到，当参与者与材料及同伴互动时，他们的自我认知也会逐渐展现出来。

一位游戏教练的基本素养

在领导力的相关研究中，关于有效领导力所需的个人素质包括哪些内容存在很多争议，争论的焦点是人们不确定哪些素质在领导力方面起了决定作用（Maccoby 和 Scudder，2011）。作为一名领导者，一位优秀的游戏教练必须理解变化和转换的概念，并为参与者建立一个可行的环境。麦科比和斯卡德（2011，36）将这种类型的领导者称为有远见卓识的人，并将符合这一类型的领导者描述为"具有使命感的、能创造并实现自己愿景的人，这种使命感不仅能吸引他人，还能激励其他人追随他们"。作为一个有远见的领导者，游戏教练能够倡导创造性的表达和自我发现，为其他人效仿教练提供榜样和环境。优秀的游戏教练拥有某些鼓舞人心的人际关系技巧和特征，能够将他们对游戏的愿景和热情传达给工作坊的参与者。以下是根据斯皮尔斯（1995，4—7）"服务型领导"的特点所列出的优秀教练的基本素养：

- 倾听——为了更好地了解而聚精会神地聆听。教练专注地倾听别人的语言，包括对方说出来的口头语言和没有宣之于口的肢体语言。
- 移情——体验他人的感受、想法或态度。教练努力理解和接受参与者的独特品质，并能够准确识别，把握帮助参与者探寻自我和分享表达的机会。
- 认识——具备所需的理论知识；头脑清醒且保持警惕。教练知道"认识有助于理解涉及道德和价值观的问题"。认识并不总是令人愉快的，它可能是挑衅和令人不安的。教练能体验到自身曾经的挣扎和痛苦，也明白他人对内在力量和安全感的渴求。

- 交流——建议、敦促、影响、说服。教练试图清楚地向他人传达意义，并在此过程中促进团队之间的相互理解。
- 概念化——形成概念或用概念进行思考。教练明白，概念化意味着超越日常的关注点，并用新的方式从更广阔的视角去构想思路和解决方案。这可能需要一定的训练和实践。
- 远见卓识——预见的行为或能力；通过展望而获得的知识或洞察力。深谋远虑使教练能够"理解过去的教训，现在的事实，以及一个决定对未来可能产生的后果"。
- 承诺——教练要承诺忠于自己的职业要求及所探讨的问题；有目的地表达自己；致力于为每一位参与者的个人成长、职业发展及精神进步提供服务。

游戏教练在游戏工作坊中的角色

正如第四章所述，游戏教练为参与者提供了各式各样的低结构材料，让他们以个人和小组的方式进行探索。教练熟练地在房间的地板上布置材料。当参与者开始操作这些材料之后，教练需要在设定时间限制、观察、倾听，以及游戏参与者表达接受性、确认参与度的互动间保持平衡。当游戏者需要整合他们内在的创造力时，规则（例如不说话或共享材料）有助于他们安全感的建立。声音、动作、判断、批评和竞争对游戏的关注焦点而言，都会起到相反的效果。教练应努力确保参与者有一个创造性的、愉快的体验，然后鼓励他们通过对话、绘画和写作来进行反思。

在刚开始参与工作坊时，参与者可能会表现出不确定和迷茫，游戏教练可以鼓励参与者通过"胡乱摆弄"来解决这个问题。没有预期或预设的目标，只是建议参与者用手指触摸材料。这为探索创造了一个安全无风险的环境。然而，如果有人表现出抗拒或不舒服，教练可能会通过以下方式鼓励他们自选一套材料：随意触摸并把材料拿起来，然后简单地开始把物品按照有组织的模式进行摆弄。如果参与者愿意，教练欢迎他们一开始就进行观察。大多数的参与者很快就会适应，并有目的地投入其中。在游戏的过程中，总会有小插曲发生的时候。通过观察和反思，教练会对有效互动的方式和节奏变得敏感——应该在什么时候提问，问什么问题，什么行动能最有效地指导游戏者进步，什么评论或问题能带来新的见解。教练要学会始终相信主动的游戏过程。成人在游戏工作坊中从单独的平行游戏发展到小组合作游戏，这与儿童游戏的自然发展顺序相一致。教练通过下文中所列的方式促进这一过程。

工作坊中使用的音乐建议

水晶之音（Crystal Voices），《光之声》（Sounds of Light）

符咒（Incanations），《纪念》（Remembrance）

基思·贾勒特（Keith Jarrett），《夜晚的旋律》（The Melody at Night），《和你在一起》（With You）

迈克尔·琼斯（Michael Jones），《魔法之子》（Magical Child），《钢琴骑士》（Piano Scapes），《生于空中》（Air Born）

盖里·拉姆（Gary Lamb），《花园漫步》（A Walk in the Garden），《天使》（Angel），《爱的箴言》（The language of Love），《夜幕降临》（Watching the Night Fall），《十二个承诺》（Twelves Promises）

群星，《凯尔特的黄昏·卷3：摇篮曲》（Celtic Twilight, Vol3: Lullabies）

群星，《拉加》（Raga），《塔尔加》（Taranga）

乔治·温斯顿（George Winston），《秋天》（Autumn），《夏天》（Summer），《冬去春来》（Winter Into Spring）

▎独自游戏 ▎

1. 游戏教练请参与者选择并使用一套材料（至少包含一种物品）进行体验。建议大家要忠实于自己的灵感及洞察力。下面是一个开场白的范例。

欢迎参与到我们的游戏体验之中。几分钟后，我们将花时间探索这些材料并利用它们开展游戏。这样做是为了让你放松并享受这一过程。只需活在当下，将注意力集中到手指尖，顺其自然，跟着感觉走。无论出现什么念头、主意、问题或感觉，都把它们看作是送给自己的礼物。数学、科学和其他概念与技能可能会随着游戏的进行而涌现出来，但我们的目标是让你简单地探究材料，活在当下。没有评估，没有判断，没有测试。你可以独自安静地操作，也可以进行冥想；还可以写点心得体会并彼此分享。在分享的过程中，你将有机会讲述自己的故事，讲述你在游戏的时候发生了什么，请大胆表达你的想法和感受，并倾听你的同伴的想法和感受。然后我们所有人再聚在一起分享，也许会探讨一些问题。之后，我们将有一段合作游戏的时间，当我们在一起分享彼此的想法时，游戏会变得更加活跃。在合作游戏之后，我们将有一段新的时间进行反思并撰写反思日志。你的反思日志同样反映了你操作游戏材料的过程，只是书面用语会更抽象一些。

2. 为了引导参与者开始游戏，游戏教练可以这样说。

如果你愿意，可以脱下你的鞋子，选择一套材料，每套材料只能供一人使用。坐下来，给你和旁边的人预留出足够的距离，因为一旦开始使用这些材料，你可能需要足够的空间来表达自己。刚开始你可能需要花一点时间让自己安静下来并过渡到探索材料的环节。接下来我会放一些舒缓的音乐，祝大家玩得开心。现在，就让我们开启游戏之旅吧。

3. 15分钟后，教练会给出只剩5分钟的提示，提醒参与者抓紧时间完成他们正在做的事情。 如果有人要求在规定的时间之外继续探索，也是可以的。然后游戏教练会引导参与者准备进入反思环节。

各位请注意，两到三分钟之后，我们会把注意力转移到反思上，你可以写心得体会，也可以和别人分享你的经验。如果你已经玩好了，就请停下来。如果你还没有完成，请抓紧时间进行未完成的游戏。

4. 游戏教练要求参与者反思他们的体验。 教练可能会这样说。

好了，刚刚我们只是利用了低结构材料进行简单的游戏。你和游戏材料之间发生了一些互动。我们之所以确定互动发生了，是因为大家的作品都在现场，我们有充分的视觉证据。各位把材料从随意的堆砌变成了有意的创造。让我们花60秒思考一下到底发生了什么。请闭上你的眼睛，如果你愿意，在你的脑海中重温你的游戏体验。你的这次经历怎么样？你做了什么？当你游戏时，会产生什么想法、感受或问题？如果有的话，你能回忆起什么？下面我开始60秒的倒计时。

5. 经过一分钟的思考后，教练请参与者开始记录他们的体验，如果他们愿意，还可以添上涂鸦或绘画。

我们在各位面前放了一个笔记本，用来记录你的想法。请花几分钟时间尽可能用流畅的语言描述刚刚发生的事情。如果你愿意，你可以写一首诗或一首歌。不管你经历了什么，只需聆听内心的声音并将其记录下来即可。你也可以加上自己的涂鸦或绘画。你看到了什么？发生了什么事？选择画出一部分或整个结构。你可以用铅笔、钢笔、蜡笔或准确或抽象地作画。当你为孩子们的游戏过程提供工具，并邀请他们画画时，他们很喜欢这样做。不过，如果他们的绘画看起来与他们使用的材料和建造的结构不同，也不要感到惊讶，毕竟孩子们的想象力是特别丰富的。

6. 游戏教练要求参与者与同伴分享他们的体验。教练的引导语可以是下文这样的。

这是你和另一个人以一种特殊的方式谈论你的游戏体验的时刻。每个人都有机会不受干扰地讲话。一个人讲，另一个人专心倾听，中途没有评论和提问。这其实是自己聆听自身谈论个人体验的时刻，这也是与另一个人分享，而那个人全神贯注聆听你的时刻。请自己寻找一位搭档进行自我介绍，然后你们自己决定谁先发言，谁先听。我们有5到10分钟时间来相互聆听，然后所有参与者作为一个整体聚在一起。我会提示各位什么时候应该转换角色，从谈话者变为倾听者。

7. 游戏教练引导参与者在小组中分享他们的游戏体验。

如果时间允许，每个人都可以在教室里四处走动、交谈，观看和讨论各种各样的作品。当参与者回顾并分享他们的游戏体验时，教练会记录下参与者所创造的材料模式与其个人生活之间的关系。教练鼓励他们不断意识到游戏的力量，以及个人风格和表达方式的多样性。教练会问一些开放性的问题，比如："关于你的游戏体验，你有什么想要分享的吗？"教练可能还会提供一些后续的意见来引出更多的信息，比如"你小心地让积木保持了平衡"，或者"你能告诉我你选择的颜色吗"。

8. 在理想情况下，将有足够的时间进行工作坊的集体反思。 这时参与者会探讨自身的游戏体验与班级儿童及工作伙伴之间的关系。教练可以提出如下这些问题。

- 你从这次体验中学到了什么？
- 我们可以对游戏有什么假设？
- 你的游戏体验与孩子们身体、情感、认知和社会领域的成长有什么关系？
- 对儿童和其他成人，例如家长/教师，这种体验有什么意义？
- 教师在为孩子们提供丰富的游戏体验方面起着什么作用？
- 这种体验会如何影响你的课堂？
- 你对组织班级儿童进行这类反思活动有什么想法吗？

如果工作坊的参与者在他们的活动中能有意识地尝试合作，教练可能会考虑如何利用这个游戏来加深他们对团队协作的理解。

9. 游戏教练鼓励参与者花一些时间来记录他们分享的想法。 新的见解通常发生在写日志的时候。如果有时间让参与者分享这些见解，我们可能会发现参与者会有不少相似的体悟，就像下文中所列出的这些一样。

◎ 当我游戏时，我的想象力开始发挥作用，我对自己创作的东西有了更广阔的视野。

◎ 在我游戏时，童年的记忆如潮水般涌了上来。我还记得打球的感觉……自己创造一些东西的成就感……探索图案和颜色的乐趣与幸福……把全部注意力放在我当时正在做的事情上。从自我意识和匮乏感中解脱出来……完全接纳当下的自己并以此为乐……浓浓的安全感包围着我。

◎ 刚开始我只是随意地摆弄这些材料，不知不觉间把它们整理得井然有序。我突然产生了一个迫切的想法：希望将自己的日常生活也打理得井井有条。

◎ 我意识到自己很悲伤，我的游戏作品只是一个临时的纪念符号。

如果有富余的时间，教练可以要求参与者更换不同类型的操作材料以达到激发新的独自游戏的目的，之后也能对新的结果进行反思。如果教练准备的游戏材料种类有限，不够所有的参与者随意更换，那么可以请参与者相互之间有序替换，例如两人一组，一人先玩第一类材料，再玩第二类材料。

> **独自游戏的重要性**
>
> 我们没有任何理由认为与合作游戏相比，独自游戏更不成熟，或者孩子们总只能从分享玩具中受益。相反，我们有很好的理由在课程中鼓励独自游戏。孩子们从独自游戏中获得的掌控感能够为合作游戏、观点分享和社会协商提供了坚实的基础，而这些能力在教育环境中也是十分需要的。在独处情境下练习智力活动的机会还有助于培养问题解决的技能和在教育环境中进行自我控制的能力（Monighan-Nourot，VanHorn和Almy，1987，31）。

合作游戏

稍作休息后，参与者进入合作游戏阶段，这样他们就可以体验孩子们在一起玩的感觉，并享受游戏的馈赠。

1. 参与者组成小组，选择各种材料，建构一个游戏共同体。在介绍合作游戏时，教练可以这样说。

刚刚我们大家都各自用一套材料进行了独自游戏。我们通过写日志、结伴分享和倾听等方式进行了反思。此刻，我们作为一个整体聚在一起，可以进行更深入的反思和分享。现在是合作游戏的时间了。这与独自游戏有几个方面的不同：在合作游戏中，你可以使用这里的任何材料，并把它从一个地方带到另一个地方。你至少要和另外一个人一起玩。如果你喜欢，你甚至可以和五个及以上的人共同游戏。合作游戏的主要目的是大家一起建构作品。这一环节大约25分钟左右，我会在结束前几分钟给大家提醒。请找一个或多个游戏伙伴，让我们看看会发生什么。之后，我们也会就这次体验进行讨论。

2. 游戏教练会留出时间给小组成员进行小组内部反思。

每个组员都应该有机会分享自己的想法和感受，所有这些都被视为有效的个人体验。

3. 如果有时间，教练会带领大家四处走动，相互交谈，对每个小组成员都要表现出敏感性。

所有的参与者都被允许从各自的角度来谈论自身的游戏体验——他们做了什么，感觉如何，他们都学到了什么，产生了什么见解或困惑。

4. 游戏教练鼓励参与者在整个群体中分享，这样他们就可以更好地交流各自学到的东西。

教练提出了关于平行游戏和合作游戏的区别、有效团队行为的质量、团队合作过程中的多样性以及团队游戏中的个人参与等问题。比较这两种不同类型的游戏是理解团队合作和学习成员之间沟通技巧的有效方法。

5. 教练通过帮助参与者思考工作坊的体验与他们的早期教育工作的相关性，以此来梳理经验。

期待有洞察力的反馈

教练发现，游戏工作坊可以培养参与者的洞察力。当游戏教练要求参与者反思他们的游戏体验时，参与者的反应显示了他们对游戏中孩子们的同理心。这激发了参与者在他们的教育实践中改变的愿望。有参与者这样分享：

◎我的天啊，这就是孩子们的生活！我认为这是整个训练过程的一部分。我是一名幼儿项目主管，我希望我的同事能体验到这一点。我想让他们体验游戏的价值，在直接感知的基础上为自己创造个人愿景。这种类型的培训过程对于那些已不接触游戏的人来说是很重要的，他们已经忘记了他们到底是谁以及他们真正看重的是什么。

参与者在操作低结构材料时，他们反复讨论寻找焦点、控制力、想象力和自我表达的相关内容。通过直接经验、反思和社会互动来建构知识具有新的意义。讨论行动、想法和感觉，使参与者能够回顾感觉经验，从关注游戏材料，到逐渐与其自身早期的生活经验或对世界的看法联系起来。

我们经常听到工作坊参与者在活动结束几天、几周甚至几个月后给出的鼓舞人心的报告。一位项目负责人写道：

◎我发自内心地认为工作坊的经历帮助我们的老师更好地了解儿童、环境和孩子们的游戏。我真的能看出来，当老师和孩子们一起玩的时候，当他们和孩子们说话的时候，当他们在布置环境的时候，当他们在想要带什么材料到教室的时候，我都能看到这一点。

教师经常在游戏工作坊结束后对自己原来的教室进行改造，寻找新的材料和展示方式。他们对开放性的教学产生了一种新的兴趣，并希望为孩子们提供更多的选择。他们在壁橱里寻找可重复使用的物品，这些物品将成为新的游戏材料。

奇思妙想：游戏的无限可能性
亨利·奥尔兹

一件艺术品是一个想法——一个愿景——一个视觉化的呈现。它往往始于对一个视觉上具体的世界的有趣探索。它也可以从探索一些材料或工具开始，用来呈现关于那个世界的视觉概念。

有时，一个巧妙想法的种子已经存在于人们的头脑中。有时，早期的艺术体验可能只是关注环境和材料提供的可能性。

鼓励艺术探索的最好材料是低结构材料。这意味着材料本身不限制人们做任何特定的事情。低结构材料几乎对任何探索和任何想法都是完全开放的。它们鼓励通过有趣的探索来激发想象力，并支持利用想象力去创造一些原本并不存在的事物。从无到有，个体会从中获得力量感，对增强自信心和自我实现有很大帮助。

孩子们在创造性游戏中使用的一种非常成功的低结构材料是可回收物品——商业和工业的废弃物。这些材料是免费的，往往能创造出真正奇妙而美丽的作品。

因为这些材料是免费的，而且种类繁多，所以可回收材料在为孩子们提供丰富的经验方面特别重要。孩子们可以利用可回收物品这类数量繁多种类丰富的材料来尝试创设复杂的结构，这通常需要孩子们付出额外的共同的努力来完成。孩子们可以尝试奇妙的想法，实施宏伟的计划和精心的设计，他们不需要像担心预算的成人一样被各类材料的成本所限制。

为了与孩子们一起探索并利用低结构材料做游戏，教师必须理解这种经验的性质和有效支持它的方法。专业发展工作坊证明，教师需要使用低结构材料的创作经验来支持儿童的创造力。与其他教师一起探索的经历揭示了重新认识创造性和学习新事物的重要意义。

教师还积极关注学校和社区的可回收/再利用项目中心、二手商店和降价大甩卖等信息（有关二手商店购物经历如何提高儿童学习能力的更多信息，见 Tunis，2011）。佛罗里达州布里瓦德县的幼儿特殊教育教师贝丝在一次游戏工作坊后受到启发，尝试在课堂上使用低结构材料，她是如下这样描述这次经历的。

◎我从我们当地的资源中心收集了各种各样的材料，有湿软的泡沫、奇形怪状的塑料制品，有富有弹性的彩色管子、毛毡圈、金属垫圈，以及其他一些企业捐赠的废旧物品。我的目标是激发探究、创造性思维，促进创造性语言能力的发展……我只是（对孩子们）说："这里有一些材料，我知道你们以前从未见过。请尝试用这些材料来开展游戏，动一动它们，探索它们，看看你会发现什么。"

贝丝描述了她是如何观察和拍摄这些孩子的,并记录下了他们在小组中研究、比较和谈论材料的不同属性时的话语。

> ◎我把彩色的长鞋带放在旁边的地板上,作为"分类环",帮助孩子们对材料进行物理分类。这成了一种游戏,也是我非正式地评估他们的思维和他们所建构的语言的一种方式。过了一会儿,我问:"你们发现了什么?"孩子们回答说:"这些材料是不同的颜色,但它们都卷起来了。""其中一个是软的,另一个是硬的,但它们都是白色的。"我问他们是否能找到一种方法,通过重叠、排序、循环来表示或显示这些材料如何成为两个集合的一部分。"有没有别的方法来将它们进行分类呢?"
>
> 孩子们发现有些材料可以被分为两种及以上的部分。他们在游戏中学习如何观察、比较、描述和分类。这种使用具体物体进行数学和科学实践的综合方法确实有助于儿童发展组织和分类技能。

贝丝将自己在游戏中学到的理念利用低结构材料迁移到自己组织的游戏活动中,并将其应用到孩子们身上。她有意识地向孩子们介绍材料并提出简单的问题,引导孩子们进行丰富的早期读写和数学思考。物理材料是引发动手探究的关键,孩子们和教师共同参与了社会互动、提问和交互式对话。

斯图尔特·布朗(2009,10)曾说过:"没有什么比游戏更能激活孩子们的大脑。"贝丝认识到了材料的力量,通过游戏吸引和保持了孩子们的注意力。她把低结构材料及游戏的这种潜能视为提高自己专业能力的宝贵资源。

综上所述,教练的角色就完成了。游戏作为一种创造性能量的来源唤醒了教师的创造性表达,而被唤醒创造性表达能力的教师将会更好地将新理念运用于幼教工作之中。

第六章
游戏体验与实践的有效结合

人生阅历就像一口井，经历越丰富，这口井越深。当人们参与对话或进行沉思时，可以从这口井中汲取力量，指引行动。这是经验的本质，即提供了促进变革性学习的方法（Taylor，2009，6）。

关于如何帮助职前和在职教师做好准备，有两个关键问题需要注意：第一，如何帮助教师加深他们对游戏重要性的理解？第二，如何提升教师的能力，使其有技巧、有意识地引导孩子们通过成熟的游戏进行学习？教师必须了解游戏的作用，并利用它来指导和整合儿童的学习。因此，我们提倡利用操作低结构材料的直接经验进行学习，这是最有效的能促进成人专业发展的途径之一。作为专业训练的一部分，仅靠倾听和观察别人传授知识是不够的，学习者必须积极动手，参与其中。

皮亚杰提出了以下设想：

> 经验对智力发展是非常重要的。但是我却担心人们可能会有这样一种错觉：当面对一种经验或他人的示范时，仅通过观察就能分析出事物内部的结构。事实上，这远远不够。人们必须是积极主动的，必须改造事物，并通过自身的行动来探寻事物的内部结构。
>
> 此处的积极主动有两层含义。一层是与物质材料进行互动。另一层则需要人们在社会合作和共同努力中进行。对于孩子们来说，就必须与他人进行交流，促进批判性思维的发展，这正是智力发展的必需要素。合作（Cooperation）就是在一起（Co-）进行操作（operation）。

积极地沉浸在游戏和学习中

正如皮亚杰所言，主动学习既涉及物理环境，也涉及社会环境。对于成人来说，社会环境指的是与其他人合作游戏、交谈、表达情感、分享、工作以及相互交流的机会。探索、发明、发现、与同伴交流、倾听不同的理解游戏过程的观点，及将上述这些与教师的个人能力和教育主题联系起来都至关重要。

学习的物理环境指的是要研究、探索和操作的对象，低结构材料及人工制品。正如我们所强调的，幼儿教师通过直接的亲身体验，理解、重视并为儿童提供有意义的游戏体验，从而使儿童获得学习的机会，并从中获益匪浅。将具体物体转化为独特的有组织的设计、物理模式和有序的立体造型，这一解决问题的行为是一个创造性的智力过程，涉及到整个人的手、心和脑。

其他的成人教育方法，如口头讲解、讲座、书籍和视觉演示，不能使成人把他们对物质和社会交往的理解与他们的个人经历联系起来。这些方法可能不会鼓励更深刻的见解或导致专业实践的转变。对于成人和儿童来说，真正的理解是通过观察和体验自身行为的后果来建构知识。

自主游戏有助于缩小游戏研究、政策和课堂实践之间的差距。让成人沉浸在高质量的游戏体验中，可以确保和加强最好的成人游戏训练实践和首选的课堂实践之间的连续性。这不仅使参与者更有可能通过积极的游戏来支持孩子们的学习，还能促使他们抵制不适合发展的无效练习。

优秀的教师和领导

一位优秀的教师"能够使学生具备在国际社会中取得成功的能力"（全美专业教学标准委员会，2012，7）。全美专业教学标准委员会制定的幼儿教师通才标准要求有造诣的教师达到10项要求。而第十条标准要求一个有成就的教师需要成为早期教育领域的领导者、合作者和改革的倡导者。达到这一标准的有效方法是教师促进教育政策和社会规范的变革以更好地支持在教室里开展游戏活动。标准十还要求有经验的教师做出明智的决定并致力于课程、政策和项目的革新。

▰ 在体验中学习

自主游戏作为一种能促进专业发展的方法，能有效促进参与者获得基本的教学能力和学习能力。哈奇（2012）介绍了教师行动研究，这是一种研究方法。在这种方法中，教师会系统地在课堂环境中仔细检查自己的实践。哈奇指出，教师行动研究不是假设教师没有能力形成自己的专业发展，而是基于教师能够弄清楚他们需要什么的前提。它是教师反思他们应该做什么和为什么做的一种方式。

自主游戏可以成为教师行动研究的一部分。正如教师行动研究所强调的，研究过程不仅包括系统的调查，而且包括变化或结果。通过自主（操作性的、开放性的）游戏体验，教师有时间和机会对自己的专业实践进行反思，从而优化自己的实践。

在自主游戏中有意地使用不寻常的、低结构的材料可以激发成人沉浸在对教师行动研究的积极探究中，以获得知识和产生新思想。这个行动与操作的过程是主动的、变革性的，而不是被动的、过渡性的。"过渡"指的是在进行或传递的过程中没有明显的变化，而"变革"指的是在形式和功能上都发生了变化，甚至可能是基本性质的变化。当变革发生后，就有了成长，有了新的意义，有了丰富的潜力去积极地影响一个人的生活和实践。

正如第二章关于皮亚杰的讨论中所指出的，无论对于儿童还是成人来说，学习都是一个适应的过程，包括学习者与其物理和社会环境之间的持续互动。虽然他人可能会激励我们，但学习的动机不是他人赋予的；相反，在自我发展的过程中，动机是通过与人和物的互动产生的。当儿童和成人与外部要素（例如他人、材料或思想）进行互动时，专注、兴趣和动机就成为了学习的基础。因此，一个反应灵敏、互动性强的环境是成功教学的重要组成部分。

感官体验影响心理活动

杜威强调一种经验对个体的影响程度可以从两个方面来看：首先是即时反应，其次是其对未来的影响。理解经验及其长期和短期结果之间的联系是实践过程的基础。当教师在自己的游戏体验中感受到深厚的情感或深刻的见解时，他就会深刻地体会到时间和机会的价值；这就在他的脑海中巩固了游戏和学习成果之间的联系。

琼·埃里克森（1988）在谈到经验与结果之间的这种非同一般的联系时，使用的术语略有不同。她把感官体验描述为感知的基础。通过感官,也只有通过感官,大脑才能与世界相连。正如埃里克森(1988,25)所阐述的:"因此,我通过在自己的旅行经验、孩提时代和成年时期的游戏经历中获得的高度敏感、充分意识和自我认知,来对知识、真理和问题解决方案进行探索。"埃里克森承认,她自己的感官体验与她建构知识和解决问题的能力之间存在联系。将此应用于游戏时,我们可以通过文字来分享我们对体验的想法和信念,但如果听者要完全理解所分享的内容,就必须亲自体验这种游戏。

游戏的力量:转变、融合和赋权

从成人游戏工作坊参与者的评论中可以明显看出,在游戏过程中,记忆和情感发生了重大的融合。对于大多数成人来说,当他们意识到游戏在他们生活中的综合价值时,会有一个"哇"时刻(顿悟时刻)。随着这种隐喻的出现,参与者能够理解强烈的情感,以下是一位参与者对她游戏体验的反思。

◎对我而言,这是一个如此强大、有力、充满感情的时刻。我选的材料是一堆岩石,我把它们拼成了一条小路。其实我的丈夫四年前去世了,从那以后我每天会将走同一条路作为自我疗愈的方式。但其实当我的丈夫去世的时候,我心里的路就消失了。我将用我拿到的这些岩石重新铺一条属于自己的路,虽然我不知道它会把我引向何方,但我决心沿着它找到自己的新的方向。

萨顿-史密斯(1997,37)写道,整合是游戏的重要功能,它在儿童身上是这么起作用的:

在孩子的内心世界里,游戏是一个建立在许多其他心理过程之上的心理活动，这些心理过程包括思考、想象、假装、计划、疑惑、怀疑、记忆、猜测、希望、实验、重复和工作。游戏中的孩子，利用这些不同的心理过程，将过去的经验和当下的感觉与期望结合起来。

在游戏的过程中，成人会像孩子一样，忍不住好奇，假想各种可能性："如果……会怎么样？"在游戏中，想象力会自发地表现出来。在独自游戏和合作游戏中，游戏参与者探索、整理和重新安排各种材料，与此同时，参与者内部也会梳理各自的想法，这些想法包括各种新的可能性及其对未来的影响。新的认识为专业实践和个人生活的转变提供了契机。一位参加过游戏工作坊的早期教育教师分享了他的培训经历是如何使他的课堂发生变化的，这反映了他对儿童游戏和自主性有了新的重视与尊重。

◎我参加了你们的工作坊，这切实帮助我改变了自己的课堂。我能够定性地评价我的课堂教学。通过这样做，我有了改变，这帮助我提高了孩子们游戏的质量。我重新评估了孩子们从一项活动（一天或一段时间的常规活动）转移到另一项活动的方式。我能够重新关注并调整我的课堂对孩子们的期望。

曾经我的课程表是基于我对儿童发展的理解的，它提供了可靠的课程结构和活动安排，孩子们玩得很开心。然而，尽管课堂体验可以被评价为积极的，而我也注意教育环境的创设，但我总觉得有些细微的东西被遗漏了。但具体遗漏了什么，我一时半会儿也讲不明白。

我参加的游戏工作坊让我得以探索和反思这一缺失的部分。当我体验了你们提供的游戏环境和材料后，我清楚地意识到，我在课堂上处理过渡的方式就是缺失的部分。工作坊规定了一项活动的结束和另一项活动的开始。课堂节奏是以教师（成人）对孩子们需求的理解为基础的。从一个游戏活动到另一个游戏活动的过渡环节中，我感到有必要做出自己的选择。我开始意识到，尽管已经发出了适当的时间提醒，但出于好意，我还是打断了重要的游戏。我开始明白怎样使游戏更适宜地结束。当圆圈活动或户外活动结束的铃声突然响起时，孩子们可能并没有做好进行下一个活动的充分准备。

我把参加工作坊的经验带回了课堂，跟搭班老师及助理一起制定了一项开放的政策。在这里，我们并没有改变原有的一日生活安排，因为在实践中它一直有不错的效果。因此我们并不是想在原有的日程表中删除些什么，而是想再添加一些东西：我们仅仅是想让过渡环节变得更有吸引力。在过渡环节，我们不再直接宣布现在进入下一个活动，而是邀请孩子们加入下一个活动。我们想让孩子们明白课堂正在发生变化，然后主动地进行改变。在这件事中，我们只是改变了自己的期望，并重新组织了自己的行为。这只是一种尝试，我们也告诉自己，如果场面变得混乱，那我们就停止这种变化。

有几次，我们看到孩子们从一项活动轻松、舒适地过渡到另一项活动，最重要的是他们是独立地选择了下一项活动，而在我们的整体活动中也没有任何常规或组织环节的缺失。在这方面最深刻的例子就是向户外游戏的过渡，这是我们幼儿园中最具挑战性的过渡之一。这种过渡通常发生在我们收拾好教室、穿好衣服准备出去玩（如果季节和天气允许的话）以及一群人一起走出教室，走向邻近的游戏区之后。

在我们所制定的开放政策下，当开展户外活动时，我们邀请孩子们到外面去玩。我们不再认为孩子们需要在外出前清理或收拾玩具和材料，因为他们会在户外游戏后回到教室里继续之前未完成的活动。户外游戏变成了另一个选择，就像孩子们从建构区到戏剧表演区一样。

当孩子们完成了一项游戏活动，他们可以（也确实能够）去户外进行活动。当第一个孩子出去时（其他人很快也跟着出去），两位老师中的一位走了出去，另一位老师和其他孩子留在屋里。我们的助理老师总是待在大多数孩子玩的地方。而另一位老师要一直等到最后一个孩子完成手里的活动之后，再陪他一起到户外去玩。

有时，一两个孩子正在教室里聚精会神地玩游戏，他们会选择不出去。我们发现，通过重新思考我们自身的课堂职责，我们能够为他们提供这样的机会。如一个孩子需要或想要留在教室里，这时一位老师也可以留在教室中和一组孩子一起为其他孩子准备点心。这种活动之间的过渡每天都有多种多样的方式，其实与我们之前的过渡环节也没有什么本质上的不同。唯一的变化在于我们对于活动间的过渡环节更具有开放性和包容性。事实上，当我们抛开预设或成见时，我们会惊喜地发现孩子们正在按照自己的节奏完成各自的工作或在自己的游戏中自得其乐。

这是孩子们游戏的自然节奏，在参加了游戏工作坊之后，我们能更充分地融入其中。我们更能充分地在课堂中表现对孩子们的尊重，这样，孩子们就有机会成为他们游戏的主导者，他们的游戏中包含着自己的开始、进行和结束。

感谢工作坊为我提供了一个机会，让我可以站在游戏者的视角来评价游戏。让我能够为孩子们提供一个更丰富、更有趣的游戏及学习环境。

对许多教师而言，他们认为前沿教育研究、自身关于什么才是最好的教育实践的信念，以及强制的教学政策三者之间存在着令人不安的脱节。例如，虽然研究清楚地表明了游戏对儿童学习和发展的重要性，但许多幼儿教师仍然被要求从每天的日程表中删除游戏时间，以挤出更充裕的时间给教学活动。成人浸入式的游戏体验作为一个探索新的可能性的实验，可以帮助教师发现如何在专业实践中运用一种综合性的方法。这种实验作为一种变革性的力量，也许有助于教师更好地应对那些不太符合儿童最佳利益的教学政策。

正如著名社会学教授托马斯·亨利克斯（2010，192）所强调的那样：

> 游戏是变革性的，因为它代表了人们用来帮助自己对抗和改变世界各种干扰的努力。人们这样做的目的是想了解现实的本质和他们自己在环境中的控制能力。直白地讲，游戏的本质是理解和控制。

游戏与内在力量

正如萨顿-史密斯所言：游戏能在充满幻想的时刻结束之后仍然影响着游戏者；在游戏中，我们培养了应对未知事物的能力。在《游戏的模糊性》一书中，萨顿-史密斯（1997，198）写到：游戏的适应性可能不仅指它的一些具体方法，也包含了一个人相信自己能在未来激发出个人潜能。毫不夸张地说：游戏可以防止抑郁。正如萨顿-史密斯（1997，198）反面论证的那样："游戏的对立面不是当前的现实或工作，而是'犹豫'乃至'抑郁'。"我们通过游戏的不断更新和无限可能来超越生活的阴暗面。

> 萨顿-史密斯（2007）将游戏比作艺术，艺术是表达一个人内在的或创造性自我的另一种系统：儿童的这种游戏与成年时期的艺术有什么共同之处呢？这里给出的答案是，所有这些表达系统都会让我们对这个世界上的生活产生乐观情绪；个体通过展示自己的独创方式来获得这种乐趣，这种方式让我们将悲观、沮丧和厌倦抛在一边，并创造出一种充满乐趣的虚拟生活。

很明显，游戏是乐观的源泉和起点。它为孩子们提供力量去面对意外和不适，并采取行动来超越当前的环境。通过游戏，教师也为孩子们树立了乐观的榜样。教师在游戏中获得更大的创造力、乐观和灵活性。他们理解游戏对每个成长中的孩子的重要性。发展游戏体验的艺术可能是教学过程中最重要的准备。

教育之旅：一位教师的游戏体验

资深幼儿园教师史黛丝·马丁分享了她自己的专业转变之旅。马丁在参加了米勒斯维尔大学（Millersville University）儿童早期教育学院（Early Childhood Institute）的学习后，慷慨地把这种转变分享给了大家。

◎当我考虑注册我的硕士学位的最后一门课程时，这门课程的潜在内容对我而言其实是无关紧要的。我只需要再选一门课就可以完成我的学位要求，我粗略地浏览了一下课程描述，就在米勒斯维尔大学注册了一个为期一周的儿童早期教育学院的课程。开学那周的星期一清晨，当我走进教室时，我还不知道会发生什么。我的整个教学方法即将改变的可能性在我的脑海里甚至都没有出现过。我对即将经历的事情一无所知。

当课程开始时，我非常震惊，因为我们一直沉浸在创造性的体验中。我也很失望，失望很快变成了恼火，恼火慢慢转化为愤怒。毕竟，我去那里是为了学习教学方法的。而当时课堂上的活动与教学毫无关联（至少当时的我是这么认为的）。我们花了几个小时画画；花了几个小时从事体育活动。我们雕刻，我们写诗，但我们从未讨论过课程标准。没有人提到评估。没有关于目标、学习风格或数据的讨论。我想，这是什么类型的早期教育研讨班呢？我又没有报名学艺术创作……我报名的目的是想学习如何组织教学活动。

熬到第二天结束的时候，我试图制定一个即使放弃这门课也仍然能设法按时毕业的计划。但苦于找不到切实可行的办法，星期三上午我不得不去教室签到。我相信当时的自己一定有一张毫无兴致的脸，脸上写着"我没兴趣"四个大字。如果我能料到接下来几小时内发生的事情对我未来的教学会产生有史以来最重大的影响，我当天迈进教室时的心情肯定不会如此勉强。事实上，直到这个难忘的周三上午，我才慢慢地体悟到前两天课堂上经历的每分每秒都会对我的心灵和思想产生重大的影响……很快，这种影响也会体现在我的教室里。

那天早上，我们谈到教师要有创造力，要让孩子们有创新精神；教师要敢于冒险，要真实地与学生互动。我们甚至讨论了标准，以及我们如何创造机会来达成这些标准。当我离开时，我清楚地认识到允许孩子们发挥他们的创造力是如此重要，也清楚地认识到允许自己在课堂内外发挥创造力的重要性。从那之后，每当我想起那个周三的上午，都会露出会心的微笑。

当这个星期结束的时候，我明白自己再也不是星期一早上的那个教师了。更重要的是，我知道自己不想成为那样的教师。当我离开时，我知道这一周的经历对我的教师身份的影响比四年的本科学习、15年的幼儿教育经历外加整个硕士学位课程合起来的影响还要大。活动结束后，我很高兴地回到自己工作的教室，把理论应用到实践中。

这些记忆如此深刻而鲜明，仿佛就发生在昨天。我突然想到了工作坊里用的那些纸，当我们聚集在我们所谓的绘画教室时，我们得到了一叠又一叠的大的纸张。它不是报纸的那种材质，也不是我们学校常规订购的那种便宜的马尼拉纸，而是白色（明亮的白色）的高品质的纸。这种纸能使颜料看起来光滑明亮，而且每刷一笔颜料上去都不会起皱。它是那种我们学校平时只保留给特别项目的纸……我们会把它们整整齐齐地挂在墙上，作为父母之夜活动的宣传海报。而在工作坊中，它们随意地摆在那里……许多高品质的纸堆在一起，我们可以随时用它们来做任何想做的事。不知道为什么，这些纸对我产生了深刻的影响。

凭什么说只有我们教师的特别项目才配得上这么好的纸？我们的学生可能会不同意我们关于哪些项目是特别的这一论调。我当时当地就决定，好的纸将不再是定量配给的，不再是专门预留给教师进行所谓的专门的艺术创作的。我意识到，每一次创造性的努力都值得使用高质量的材料，我知道，把这些昂贵的纸藏起来不是一个明智的选择。

遗憾的是，当我八月份回到教室时，我又陷入到各项常规和准备工作中。毕竟，有名牌要写，有材料要准备，有布告栏要装饰。当我的学生来的时候，由于惯性，我立即投入到熟悉的常规课程、项目和死记硬背的学习中。回首过去，我很不满，感觉不对。我感觉自己只是做做样子，而并不是真正地开展我理想中的活动，那些过去的常规的活动不再适合在我的教室里开展了。一开始我并没有马上意识到问题出在哪里，但在一月份的某一天，当班级幼儿缺勤名单长得吓人，教室里仅剩的幼儿注意力非常涣散，教师的精力也在下降时，问题浮出了水面。

楼下大厅里的一位一年级老师问我们班是否想和她的班级的同学聚在一起看电影、做活动或者做一些其他事情，让两个班的孩子们都保持积极活跃地忙碌和投入的状态。但因为我们班有这么多缺勤的孩子，所以活动中就不再教授新的概念了。突然间，我在这个夏天学到的和经历的一切如潮水般涌了回来。我很清楚我们需要做什么。不到一个小时，两个班的学生都聚集在我的教室里，我和我的同事把班级储物柜里的东西一股脑全都翻出来摆在桌子上，我们翻箱倒柜地在教室里搜罗出一切物品，例如油漆、纸、墙纸样品、纱线、亮片、胶水、剪刀等，这将是一次美好的游戏体验。

我们把材料分发给孩子们之后就退后一步，将游戏的主导权完全交给孩子们，我们只是安静地观察。接下来发生的事情简直太令人惊讶了！我们看到34位小朋友在计划、创造、讨论。他们将各类材料混搭起来使用，发明了普通物品的新用途。当我看到学生们带着他们的作品从一张桌子走到另一张桌子，把材料组合在一起，创造出杰作时，我震惊得说不出话。在我参加教育学院的游戏培训之前，我总是把大部分时间都花在尽力维持物品的整洁上。我力争所有的材料、物品都保持在它们原有的位置上。例如，我会不断提醒班级幼儿：请把可回收材料放在可回收材料专用桌子上；请把闪闪发亮的材料也留在其指定的桌子上。此刻我突然发现允许各种材料一起使用是多么自由啊！我和同事给这个共同游戏的日子起了个可爱的名字，叫"艺术日"，在我们的艺术日活动结束后不久，我有机会参观了兰开斯特创意再利用资源中心。如果我在去教育学院学习之前走进这个宝藏地方，我知道我会很快地溜出来，然后对自己说，这不是我喜欢的地方。相反，现在的我花了一个多小时在丰富的材料中挖掘，然后带着各种各样的物品回家，我知道自己可以在我的教室里为这些材料找到全新的用途。

那天我带回家的物品中有一样是一大盒塑料盖子，就像塑料罐顶上的那种。它们有几种颜色：棕色、粉红色和淡蓝色。回到学校后，我把盖子放在几个箱子里，按颜色分类。我没有向班级幼儿提及它们，也没有提供如何使用这些盖子的任何建议。当游戏开始后，没过多久就有人问："我们可以玩这些吗？"

我还没反应过来，教室里的每个孩子都忙着用这些盖子搭起复杂的建构物。教室其他的各类玩具，诸如乐高、积木、玩具娃娃等都无人问津、保持原样，孩子们兴趣盎然地利用这些盖子进行探索。几个星期以来，别的玩具都无法吸引他们的注意力。他们乐此不疲地利用这些盖子来反复搭建和创造。后来教室很多闲置的玩具都被清理出去了，但盖子因为人气太高，仍然被留在教室里。孩子们甚至开始收集更多的盖子，因为他们发现午餐时喝的橘子汁饮料瓶的盖子虽然款式相同，但颜色各异，于是孩子们自发组织起来一起收集、清洗橘子汁饮料的盖子，并为他们的新盖子尝试找到一个合适的收纳箱。

一年后，我的学生们一遍又一遍地问我他们是否可以带着这些盖子去上小学一年级。孩子们已经学会了使用简单的材料依据他们的想象力进行自由创作。不管他们是否成为一年级的学生，我都相信这份创造力会持续伴随他们的一生。

晾衣绳的用途可能是我做过的最明显的改变之一。我喜欢把晾衣绳挂在教室的每个角落，用来展示孩子们的作品。在我参加教育学院的游戏课程之前，晾衣绳上总是挂满千篇一律的设计。秋天的时候，是在白色的背景框里贴上黄色的校车图片。年末的时候，这些图片被用海绵染色后的树叶所替代。十二月总是意味着会挂上统一影印出来的闪闪发光的雪花图案。后来，雪花被狮子和羊羔取代，再后来晾衣绳上会按计划依次出现风筝和鲜花。

虽然这些材料为教室提供了丰富多彩的装饰，但并没有体现孩子们的创造力。每一件作品看起来都跟旁边那些大同小异，而那些看起来较为特别的材料在被夹在晾衣绳上之前就已经被修理成合乎标准的模样了。教育学院的游戏课程帮助我认识到这些作品其实不是真正的艺术。那年秋天回到学校后，我开始用晾衣绳来展示真正的艺术作品以及孩子们创造力的真实案例。当孩子们给我送来他们自由创作、精心裁剪粘贴的纸工作品时，他们是那么自豪。孩子们还会给自己的作品命名，他们会给我介绍：这是一架飞机，两边的这个是机翼……你看见飞机的尾巴了吗？一开始，我发现自己在纠结晾衣绳上到底应该挂些什么。毕竟，我放弃了非常整洁和丰富多彩的剪贴画装饰。我发现自己以前总是会这样评价班级幼儿的作品，"这需要更丰富的色彩"或者是"这件作品看起来简直是四不像"。现在，因为我记得自己在教育学院游戏工作坊的学习经历，这帮助我意识到创造力是无处不在的，甚至蕴含在看起来最不起眼最简单的作品中。毕竟，结果并不重要，重要的是获得结果的过程。

我印象特别深刻的是一个小男孩给我拿来了一张白纸，纸的四角都剪掉了。尽管它看似单调，缺乏明显的艺术价值，我仍然将它挂在晾衣绳上很长一段时间。因为如果它对这位小男孩来说是有价值的，那么它就配在晾衣绳上拥有一席之地。我相信这位小男孩选择剪掉纸的四角后什么也不做，这之中所做的谨慎决定跟另一个孩子决定用不同颜色和纹理的纸精心拼贴一件作品时所做的决定是一样重要和富有创造力的。与之前只在晾衣绳上挂校车和狮子图片的阶段相比，我们真的向前迈进了很大一步。

每当我回顾自己在教育学院学习的经历时，我都会不断反思"自己到底学到了什么"以及"我是如何改变的"这两个问题。我知道这种改变并不局限于艺术体验和简单材料的创造性使用。我现在对教学有了不同的见解，我允许自己充分利用适于教学的时间，每天都在真正意义上全神贯注地工作（而不是像之前那样常常神游天外）。我仍然关注标准，继续定期监控数据，而且我从来没有弃重要目标于不顾来规划我的课程。只是现在，我更清楚地认识到，通过探索和创造性的经验，可以学习到很多东西。我能敏锐地捕捉到孩子们自主学习的各种机会。

一个尝试创造和探索的孩子有机会练习发散思维，经历死记硬背和概括事实所不曾调动的思维过程。创造性的经历不仅培养了思考和创造的能力，也培养了解决问题的能力，培养了与他人互动的能力，培养了对周围世界与生俱来的好奇心。这种认识是我在教育学院的学习经历的直接结果。这种经历让我有机会站在学习者的角度思考学习、创造和探索的过程。我更加了解班级幼儿的观点，这使我在日常活动中对他们的需求、愿望和不曾明说的目标更加敏感。

在去教育学院培训之前，如果教学过程中有额外的时间或者教学进度刚好符合我预先设计的课程计划，我就会为等待"可教时刻"而暂停下来。现在，我不仅仅是被动地停下来等待偶然出现的"可教时刻"，我还会积极地寻找它们。我最近温习了自己提交给教育学院期末考试的论文。随着时间的推移，我对下面摘录文字的感受愈发深刻：

"当然，给孩子们提供游戏和艺术创作所需的低结构材料是对这一理念的直接应用。然而，我相信它更深入。虽然没有某种计划是不可能进入任何一天的教学的（特别是和小孩子在一起），因为如果没有一个计划，将很难实现任何学习目标，但是对日常经验中出现的自发经验保持开放的态度是有价值的。当我们允许自身在课程计划中根据我们（和我们的学生）的真实状态和需要适度转移注意力时，创造力就会通过我们的教学进入我们的课堂。例如，在一个寒冷的冬天，窗外突然开始下雪时，我们就有一个停下来欣赏和体验雪花的宝贵机会。也许我们可以暂时放弃阅读和写作，组织一堂关于物体的冻结和融化的生成课程。教学中的这种计划外的创造力使课堂变得丰富多彩……当教学跟师生此时此刻的经验发生关联时,将会迎来多么美妙的时刻啊。"

我甚至无法预估在教育学院的学习经历将如何继续影响我的教学。每次回想起那一周,我都会有一个全新的领悟,而这是之前从未有过的体验。例如,今年我的学生们有了一个有趣的认识,他们愿意创造和探索新材料。

回想起去年班级孩子们对塑料盖子的兴奋之情,我几乎等不及要把这些盖子介绍给我的新班级。可刚开始我很失望,因为他们既没有表现出想要用盖子来建房子的愿望,也没有表现出想利用盖子来开展其他任何活动的意愿。后来,我陆续介绍了纸屑、胶水、纱线和其他类似的以前学生喜欢用的材料,我失望地发现他们同样不怎么感兴趣。直到一年级的学生前来参观,我新班级的孩子们才开始创造和享受这些材料。

新班级的孩子们似乎在等待,害怕冒险进入不熟悉的地方。他们需要一个榜样来激发他们的兴趣,然后他们将变得势不可挡。我不得不提醒自己,就像每个人的创造力是独一无二的一样,一群新学生的创造过程也是不同的。每一个新班级都不会遵循与上一个班级相同的模式,也不会在相同的情况下表现出同样的兴趣水平。虽然上一届的孩子们几乎不需要什么鼓励就能投入到创意体验中去,但今年的孩子们需要一些鼓励,还需要有机会模仿他们的同龄人。我也想知道,他们的犹豫在多大程度上可能是由于第二年使用这些材料时我自身的热情降低的原因。这段经历让我意识到我的态度和性格对那些我负责教导的人有多大的影响。我所知道的是,当我走进教室的时候,我不能不去想这天我们将会面临什么样的新机遇。我不能再只是做做样子了。

> 我需要每天在课堂上都是全神贯注的，为我的学生提供适当的发展机会，让他们探索他们周围的世界。我必须尊重他们作为学习者的身份和他们在教育过程中的地位。尤其令我伤心的是，自己没有早几年萌发这些重要的理想。

史黛丝·马丁体验了教育学院的课程后产生的系列转变中有几个关键因素值得分享：

1. 态度的变化。
- 诚恳地认识到对改变的需要和渴望。
- 勇于对抗专业实践中的偏见。
    - ◎ 教的意义。
    - ◎ 学的意义。
- 允许自己和孩子们进行创造活动的重要性。

2. 视角的变化。
- 教学自主权的重要性。
- 运用和促进发散思维、问题解决能力、好奇心和求知欲的重要性。
- 尊重孩子们的创造力。

3. 专业实践的变化。
- 对孩子们的需要和愿望保持敏感。
- 能意识并捕捉到促进孩子们创造力发展的"可教时刻"和契机。

很明显，这次自主游戏的体验为深刻的转变叩开了大门。这一变化不是由外部资源决定的，而是为确保学校改革而准备的。更确切地说，这个过程始于教师的惊讶与质疑。教师的质疑不仅引发了专业实践的变化，也推动其自身探索和理解个人生活一体化的进程。

第七章
高等教育中的自主游戏：案例分析

> 许多儿童早期教育项目被迫使用并非以游戏为基础的课程。想要创办基于游戏课程的学校，则需要相信游戏课程的教师和支持它的家长。
>
> ——乔·戈德温
> DRD探索学习中心主任

随着美国国家核心标准的制定及推广，对高素质幼儿教师的需求越来越明显，高等教育中的职前教师培养项目也在被审查。几个美国国家机构，如全美幼教协会（NAEYC），美国国家教师教育鉴定委员会（NCATE）和美国教育研究纵向数据研究中心（CALDER）都积极倡导和研究如何提供有效的职前教师培养。关于教师培训，出现了以下问题：

- 如何定义儿童的有效教学？
- 如何衡量培训效果？
- 如何将有效教学的研究与职前培养计划联系起来？

在定义有效教学方面，全美幼教协会为不同学位的幼儿教师培养都制定了有针对性的实施标准。这里的标准是系统的、有目的的，以具备理论知识为始，进一步要求职前教师对理论有更深刻的理解，进而在专业实践中应用这些知识（全美幼教协会，2011，9）。这些标准为了衡量职前培养项目的质量，为促进职前教师有效发展提供了数据支持。这些标准可以帮助学校建立有效的教师培养计划，展示了基于研究结果的有效教学的要素。

许多高等教育项目以师范生六大核心表现性标准（全美幼教协会，2009）作为项目发展的基础，并据此在全美幼教协会幼儿辅修学位认证中选择辅修项目。这六大核心标准也被用作美国国家教师教育鉴定委员会（NCATE）认可的教育学院的学士学位和研究生课程的认证基础。表7.1显示了全美幼教协会（NAEYC）幼儿教师职前培养标准、全美专业教学标准委员会（NBPTS）幼儿教师通才标准及州际教师评估与支持联盟（InTASC）核心教学标准之间的相互关系。其中，州际教师评估与支持联盟的核心教学标准与全美幼教协会职前培养标准中的初级要求和新手教师的培训关系更密切，而全美专业教学标准委员会的幼儿教师通才标准与全美幼教协会职前培养标准的高级要求和培养更有经验的教师关系更密切，这些教师拥有至少三年的教学经验和学士学位。全美幼教协会职前培养标准的高级要求描述了每条标准更高级别的预期表现和理想状态。

表7.1　三个标准的关系梳理

全美幼教协会（NAEYC）幼儿教师职前培养标准	全美专业教学标准委员会（NBPTS）幼儿教师通才标准	州际教师评估与支持联盟（InTASC）核心教学标准
标准1. 促进儿童发展和学习	标准Ⅰ. 用儿童发展的知识来理解完整的儿童	标准#4. 学科知识
标准2. 建立家庭和社区关系	标准Ⅱ. 与家庭和社区合作 标准Ⅲ. 促进公平、公正和多元化的理解	标准#4. 学科知识
标准3. 通过观察、记录和评估来支持儿童及其家庭	标准Ⅴ. 评价儿童的发展和学习	标准#1. 学习者发展 标准#2. 学习差异 标准#3. 学习环境 标准#6. 评估
标准4. 用发展的、有效的方法与儿童及家庭建立联系	标准Ⅲ. 促进公平、公正和多元化的理解 标准Ⅵ. 为发展和学习创设适宜的环境 标准Ⅶ. 有计划地促进发展和学习 标准Ⅷ. 对发展和学习实施指导 标准Ⅸ. 对早期教育进行反思	标准#7. 教学计划 标准#8. 教学策略
标准5. 运用学科知识建构有意义的课程	标准Ⅳ. 了解早期教育的主题 标准Ⅵ. 为发展和学习创设适宜的环境 标准Ⅶ. 有计划地促进发展和学习 标准Ⅷ. 对发展和学习实施指导	标准#4. 学科知识 标准#5. 知识的运用
标准6. 成长为初级专业人士 标准6. 成长为资深专业人士	标准Ⅸ. 对早期教育的反思 标准Ⅹ. 体现专业精神，为专业作出贡献	标准#9. 专业学习和道德实践 标准#10. 领导力和协作能力

*本表是全美幼教协会关于2009年全美幼教协会（NAEYC）幼儿教师职前培养标准、全美专业教学标准委员会（NBPTS）幼儿教师通才标准和州际教师评估与支持联盟（InTASC）核心教学标准之间关系的概括性概述。此处仅为概述，而没有完整地展现这些标准的复杂性和深度。
参考文献：
Interstate Teacher Assessment and Support Consortium (InTASC), *InTASC Model Core Teaching Standards: A Resource for State Dialogue* (2011), http://www.ccsso.org/Documents/2011/InTASC_Model_Core_Teaching_Standards_2011.pdf.
NAEYC, "Standards for Early Childhood Professional Preparation," position statement (2009), http://www.naeyc.org/files/naeyc /files/2009%20 Professional%20Prep%20stdsRevised%204_12.pdf .
National Board for Professional Teaching Standards (NBPTS), *Early Childhood Generalist Standards*, 3rd ed. (2012), http://www.nbpts.org/user-files/file/Early_Childhood_7_3_12.pdf.

教师培训项目必须符合对有效教师的定义及素质要求，为职前教师提供必要的课程和经验，以鼓励和发展有效的教学实践。达令·哈蒙德和他的同事们（2012，13）认为：大量的经验证据证实了有效教学实践所必备的具体能力如下：

- 能深刻灵活地理解教育主题涉及的学习内容。
- 能将新知识与学生已有的知识经验联系起来。
- 能为学习建构有效的认知框架，并能在教学过程中运用有效的支持策略。
- 能帮助学生建立理论与实践的联系，使其应用所学知识，练习新技能，并有效监督自己的学习效果。
- 能不断评估学生的学习情况及需要，使教学内容及形式适应学生的需要。
- 能提供清晰的标准、持续的反馈和修正改进的机会。
- 能创造并有效管理一个所有学生都能参与的协作性课堂。

这里的动词都是主动积极的，例如：理解、联系、建构、运用、评估、提供、创造和管理。教育工作者如何为职前教师提供必要的知识和经验来培养这些技能？同与儿童互动一样，职前教师需要一个安全的环境来进行实践和反思。在整个职前教师培养项目中，动手操作的开放性游戏为职前教师提供了发展理解、联系、创造、评估和管理技能的空间。正如我们所看到的，这样的游戏让我们看到了所有年龄的学习者是如何理解和创造世界的意义。一个有效的教师应该以儿童为中心，这才是有效教学的本质。

在这一章中，我们将讨论在本科生和研究生课程中如何有效使用自主游戏。首先，我们将研究在职前教师培训课程中扮演重要角色的本科生课程，其中的学生反思并分享了他们对游戏体验之于个人益处的见解，以及他们自己的游戏与儿童学习和建构意义的方式之间的联系。

▲ 本科生的游戏体验

城市研讨会：费城，2010年和2011年，夏季

米勒斯维尔大学牵头举办的城市研讨会（在宾夕法尼亚州费城的拉萨尔大学举办）让职前教师在城市学校环境中进行为期两周的完全浸入式学习。这一独

特的职前教师群体来自儿童早期教育、小学教育、特殊教育或高中教育等多个专业。与大多数教师培训项目将职前教师按照不同年级或不同学科的课程分开培训不同，本次项目中的职前教师都被有意识地整合在一起，这让师范生有机会了解年龄较小和较大的孩子都是如何学习的。在对这一项目的评价中，职前教师肯定了社区支持和鼓励的价值。

研讨会中的工作坊。这一城市研讨会为职前教师提供了现场的、浸入式的体验，是一种独特的、有价值的方式，是职前培养的最佳实践形式（全美教师教育机构认证委员会，2010）。作为研讨会的一部分，职前教师参与了一个三小时的游戏工作坊，以类似我们的手、心和脑®游戏工作坊的方式呈现。参与者亲身体验可循环使用的低结构材料。课程评价表显示，学生已完成预设的课程目标，认识到了自身游戏体验的价值。

◎首先，我们在城市研讨会期间有幸参与了一个关于游戏价值的研讨会。我亲身体验了游戏的力量，也见证了我的老师对游戏研究的热情，这些研究能让大众了解游戏的力量和作用。

◎从我的老师那里了解到游戏的重要性，对我而言是很有帮助的，这也是我在课堂上为自己的学生提供自由的一种方式。

一些来自参与者的反思日志中的评论表明了职前教师参与游戏之于其自身和幼儿发展的价值和益处。

◎这类独自游戏很有治疗效果。我忘记了日常生活中所有的压力，专注于放松和回忆，一切都会好起来的。我发现自己在想那些让我快乐却不会给我带来压力的事情，而不是我在日常生活中经常遇到的消极的"烦恼"。这是一个属于"我自己"的时间，可以用来反思生活中我所感激的所有事情，比如我正在操作的游戏材料。

◎我大概从八九岁开始就没有玩过像今天这样简单的东西了，所以当我开始玩这些材料时，我甚至不知道从何入手。我想到了自己实习单位的孩子们。他们没有机会玩任何东西，整天都要学习并掌握所学的知识。

◎运用我的想象力是件好事，因为现在我已经是成人了，曾错误地以为想象力已经没有多少用处了。在游戏中，我对自己既没有感到无聊也没有觉得劳累感到惊讶。这可能是因为游戏本身就是一个放松的活动，或许我们的大脑的确需要时不时地休息一下，来做一些我们小时候就做过的事情。

◎我通常不会花时间去真正倾听自己在某一刻的想法或感受，我以为自己可以真正决定我想做什么。可事实上，家庭、朋友、老师、社会等因素常常会左右我的选择。然而，当给我一份游戏材料，我可以真正决定并实现我想做的任何事，这是一种如此有趣的体验，几乎是一种拥有权力的感觉！它证明了你永远不会因为年长而不能发挥你的创造力和想象力。它还表明，任何物体都可以玩，不一定非得是专门的玩具或规则明确的游戏。

盖奇学生公寓的游戏工作坊。在我们的帮助下，一名参加了城市研讨会的职前教师在2010年秋天为她所在的米勒斯维尔大学的新生举办了一个游戏工作坊，她在那里担任公寓助管。她写下了自己在城市研讨会上对独自游戏的体验，以及这种体验与她作为新生公寓助管之间的联系：

◎当我第一次进入游戏工作坊的教室时，我不知道接下来会发生什么。我是一名中学英语专业的学生，我的第一个想法是这个项目应面向基础教育专业，但很快事实证明我错了。活动中，当我坐下来玩积木的时候，我把自己这一周的所有想法都放在了一起……我学到了游戏是一个很好的方法：通过你大脑的快速运转，心中的情感纠葛能得以解决，各种想法也会平静下来。受我在费城游戏工作坊的宝贵经历的影响，我觉得有必要把这个项目分享给住在盖奇学生公寓的同学们。

◎尽管我事先预料到了住在盖奇公寓的同学们可能会喜欢玩这些游戏，他们对游戏的热爱会被重新点燃。但当我真的在他们脸上看见情不自禁流露出的喜悦时，我还是非常震惊的。虽然他们都是生物专业的学生，但他们说明确表示自己需要从学习中休息一会儿，放松一下，找点乐子……引导我的游戏教练不仅帮助我更好地理解自己的想法，还帮助住在盖奇公寓的20位同学重新相信游戏的重要性，我非常感谢她努力地告诉别人游戏是如此重要。

游戏工作坊在学生公寓的娱乐活动室举行。那是一间面积很大的房间。与所有的游戏工作室一样，低结构的材料散布在整个房间中，营造了一种极具吸引力且令人兴奋的氛围。这是同学们大学生涯第一个学期的期中，许多同学进来时都带着怀疑和焦虑。然而，当工作坊开始时，参与者安静下来，开始享受独处的自由。以下是他们在游戏体验后一些反思日志的摘录。

◎当我在玩面前的塑料圆圈时，我感到很轻松。我情不自禁地开始回忆起小学时光，那时我们总是在课余时间玩玩具，聚精会神，无比开心，不用关心外面的世界。

◎我喜欢城市生活，所以也许这就是为什么我用所给积木搭建了自己的迷你版纽约。当我用光所有材料时，我感到有些沮丧，所以我对这个迷你版城市又进行了翻新。玩积木能展现我的个性，也让我运用了批判性思维的技巧，比如，这能发挥什么作用？我还需要吗？这怎么才能搭得稳呢？我喜欢玩积木，也很喜欢用自己的想象力来建造迷你版纽约。

◎在这个游戏过程中，我感觉自己好像回到了小学，回到了暴风雨天的课间休息时间。刚开始我做了一个粉色的积木搭建作品，但后来发现有更好的方法，所以我开始尝试一次堆几个积木，就像建房子一样。我曾在一所小学实习，这让我想起了那些二年级学生的游戏。

◎玩这些材料让我回忆起了自己的童年时光，那时我玩各种积木和乐高玩具。当时，直到我有了游戏要如何开展的想法后，我才会去玩，或许当时的我并不是真正满足于手头的游戏，而是想让自己有事可忙。现在，当我有一个清晰的愿景及构想后，我变得兴奋，并尽我最大的努力使自己的愿望成为现实。

◎在搭建积木的过程中我意识到自己喜欢让一切都有条理。它必须是整洁和对称的；否则，我就会推倒重做。也许这就是我对生活的看法。生活必须是均匀的、整洁的、对称的，否则我会疯掉的！

◎以前我从来没有意识到玩游戏能让人平静下来。看来坐下来做一些不需要太多思考的事情于人而言是有益的。

◎活动开始五分钟后，我进入了自己的内心世界，开始思考我所面临的焦虑和担忧。我开始用纽扣摆出一个心形，但在那之后，我甚至没有注意到自己在做什么。我开始考虑学校、家庭、即将到来的考试及人际关系。自从八月开学以来，我第一次真正地放松了。因为游戏没有太多限制性的规则，在游戏过程中我可以做自己想做的任何事情。

从参与者的评论中可以明显看出，这次游戏体验对新生而言产生了许多积极的效果。它刚好给从家里搬到大学不久的新生提供了一个用来放松和反思生活主要变化的时间。游戏体验也促进了自我认知的发展，这一点从下面的评论中可以明显看出：

当一个学生逐步形成一种成人的生活方式时，坐下来做一些不需要太多思考的事情是很棒的体验。这是一种健康的洞察力，比如找时间冷静地坐着、放松，活在当下。游戏体验也使学生在处理诸多挑战时可以运用各类策略来应对（例如，"哭出来就好"）。

幼儿创意体验课程

米勒斯维尔大学开设了一门名为"幼儿创意体验课程"的本科生课程，每节课开始前，学生都要用低结构材料进行15分钟的独自游戏。一天，一个学生走进来，大声问道："我们今天要玩吗？我的压力太大了！"有时候，游戏的价值被低估了，尤其是在与年轻人一起工作的时候。后来，这个学生（也是一名职前教师）被问及她的话是什么意思，以下是她的书面回复。

◎利用不同游戏材料开展15分钟游戏的环节是我最喜欢的关于创造性体验的部分。操作对象从纽扣、细绳到积木，种类多样，因此没有一种特定的操作方式，我们必须自由发挥。作为一名大学生，这段时间让我能够在不评估自己表现的情况下发挥自己的创造力。经过漫长的一天的学习和测验，我迫不及待地想到这个课堂来玩游戏和进行放松，而放松这个词通常不是我在其他课堂上能听到的。我走进教室，问我的教授："我们今天要玩吗？我的压力太大了！"在那一刻，我意识到游戏不仅仅是小朋友们迫切需要的行为。

对我而言，这段时间帮助我减轻了作为一名全日制大学生的压力，

> 让我不用去想下周要交的其他10项作业。作为一名未来的教育工作者，我对这一体验铭记在心。等我成为一名教师，我想让我的学生有时间游戏，并能在游戏中暂时忘却他们的烦恼，即使这只是在课堂的前15分钟。年幼的孩子们需要这段时间来放松，并发挥自己的创造力，因为这能让他们在老师讲课时注意力更集中。我发现，给自己15分钟的时间，除了玩什么都不做，我就能更好地专注于面前的任务。甚至在这节课之后，当我对作业感到有压力或焦虑时，我也经常使用这个策略。

这个学生能够理解游戏的多方面价值。她的游戏体验让她对自己的幸福有了深刻的认识，让她找到了一种健康的方式来应对大学生活中的日常压力，也让她对未来的专业实践有了自己的见解。她打算利用课前15分钟，给孩子们时间去探索和创造，没有规则或限制。通过她的游戏体验，她意识到游戏实际上能使人更好地集中和分配注意力，这是孩子们为了学习所必备的两种极其重要的技能。

游戏体验之于本科生的益处

培养职前教师以同理心和洞察力与儿童建立关系的能力，为有效教学做好了准备。在本科生课程中，自主游戏的体验可以帮助职前教师通过发现和探索来整合思想、感受和新的理解，从而支持个人的幸福。我们观察到学生通过设计和搭建手工作品的方式将新知识应用到游戏体验中。他们对自己的创作进行了评估，以改进建构模式，从而为自己提供了修改的机会。这些行动可以激活思想、支持创造、应用知识、改进评估，是一种类似有效教学的品质（Darling-Hanmond等，2012）。它们都是通过开放的游戏体验发展起来的。威尔逊（1998，5—6）认为，当个人内心的意愿鼓励并促使他尝试动手做好某件事时，就会启动一个极其复杂的过程，赋予这件事一种强大的情感体验。在长期积极地追求个人目标的过程中，当行动、思想和情感融合在一起时，人就会发生显著而不可逆转的变化。

研究生课程中的自主游戏

　　游戏对教师的专业实践活动产生了深远的影响。我们将分析两个高等教育中的研究生课程，它们为发现和评价教师自身的自我效能感提供了机会、引领和自由。我们将讨论其中的课程设置、实施过程和结果，以及参与者的信仰、对专业实践变革的深刻感悟。

　　正如麦克格拉斯（2006，306）所指出的那样："与职前教师相比，在职教师的信念更容易改变，而这些信念的改变将引发实践的变革。"尽管这一观点似乎与事实相悖，但事实就是如此。因为大多数职前教师对教育的理解仍然停留在书本所描述的理想状态上，他们缺乏与现实中的儿童真实互动的第一手经验。当在职教师面临理想与现实不符的现实情况时，他们更有可能考虑新的可能性，从而改变自己的具体方法或行为模式。

玛斯金格姆大学幼儿教育暑期培训学院的教育艺术

　　位于俄亥俄州纽康考德市的**玛斯金格姆大学**近十年来每年都会举办为期一周的名为"幼儿教育暑期培训学院"的项目。该项目每次招收20至25名研究生，主要在一门名为"幼儿教育中的艺术"的课程中，探索俄亥俄州的幼儿教育标准。学生每天都亲身体验和探索操作性游戏和艺术创作，与以下内容密切相关。

- 现有研究有力支持了这一观点，即参与创造性活动对成人认知和情感的发展大有益处。
- 了解创造力和艺术活动如何激活大脑机制，促进认知和情感能力的增强，并有效抑制其衰退。
- 人类如何以及为什么会发展出创造力和艺术表达的能力，而这些能力又是如何促进情感及认知能力的良性发展的。
- 研究证明，参加与创造性活动和艺术有关活动是促进儿童和成人认知及情绪情感健康发展的有效方法。

教学大纲和课程设置包括：低结构材料的独自及合作游戏、精选读物、反思性的记录日志、穿着演出服装进行故事表演，以及由学生共同创建的艺术画廊。学生用文字、图画、照片、拼贴画和在画廊开幕式上展示的游戏项目成果的立体复制品，记录并展示了建构游戏和艺术创作的体验。在项目开始前，玛斯金格姆大学的教员和行政人员以及该大学的其他暑期儿童保育项目会收到提前拟好的邀请函。周五，学生在长廊上展示手工制作的服装。在整个课程中，操作性游戏是一种被接受和鼓励的学习方式。成人的游戏和艺术是课程中的一部分。

随着时间的推移，学生体验到了通过游戏进行探索的机会、引领和自由。一名参与者通过这些日记分享了自己的进步及反思（其中部分内容已在本书前面部分摘录过）。

第一天：

在我的生活中，我总是渴望秩序感和控制感。有人告诉我，我看到的东西都是非黑即白的。这可能与一个事实有关，那就是通常我的艺术必须看起来像那么回事，这样我才能让我在完成时感受到它的价值。

控制感延伸到了我个人生活的方方面面。我最近一直在努力尝试接纳别人进入我的生活，试着接受别人可以在我的生活中占有一席之地的事实，相信别人能理解我的感受。曾经的我很独立，不会主动寻求帮助。因为当时我认为需要或想要另一个人的帮助与陪伴是一种软弱无能和脆弱的表现。

第二天：

让别人走进我的内心世界这件事几乎让我失去控制。我吓坏了，试着振作起来，推开一切，逃回我独自一人的内心世界。

第三天：

当我把电线包好、卷好时，我开始把注意力集中在更小、更细、颜色更鲜艳的金属丝上，这些金属丝从棕褐色和灰色的绝缘层下伸出来。虽然这些材料之前并没有让我感到兴奋，但当我想到剥开外面的绝缘层，就能看到里面漂亮的金属丝时，我变得激动起来。我想剥去我的保护层。如果我能放松下来，让自己不被束缚，可能会迸发出更多美丽。这些形状纤细色彩明亮的金属丝让我感到惊讶，我想在未来的游戏中进一步地探索。我重新整理了电线，现在的它们对我而言变得更加漂亮，而且充满了无限的可能性。

第四天：

我不会做海报。我想要一些需要亲密参与的互动；我需要拥抱亲密关系的积极面；需要尊重自己使用这些材料的过程并认识到所有这些不可辨认的、非具体的经历对我的意义。

在匆忙的生活中，个体往往会忽略这一短暂时刻的长期影响。但是在每个人的生活中都有一些特别时刻，在这些时刻，变化发生在我们的内心深处。特别时刻是令人难忘的，我们相信它是变革性的。在这位参与者参与工作坊的五年之后，她写信详述了她在工作坊项目中的难忘时刻。

◎我写这封信的目的是与您分享我在参加了您在玛斯金格姆大学的幼儿教育暑期培训学院的项目课程后的感想。通过您的课和我在您的课上完成的游戏作品，我有机会思考自己和他人的关系。我花了一天的时间坐在地板上玩一团缠在一起的电线。我把电线整理好捆成像样的小捆。这对我来说是一次平静的、令人满意的经历。项目完成后，我写了一本书来反思这个过程，书中有图纸、文字，还有我写的关于这次经历的日志。我发现自己很喜欢将电线理得条理分明、秩序井然，

> 这和我在生活中寻找的秩序感是一样的。我试图找到一种平衡，一方面让人们进入我的生活，另一方面保持独处时已经习惯的秩序。这个艺术项目之后的反思过程对我来说很重要，因为我意识到了自己内心的挣扎，并且能够思考我在生活中真正想要或需要的目标和优先事项。
>
> 看上去似乎不可思议，但那的确是五年前的事了。在您的课结束两年后，我嫁给了那个我一直担心会闯入我生活的男人。两年后，我们迎来了第一个女儿。再过十天，我们就要迎来第二个女儿了。我曾因担心生活秩序被打乱而忧心忡忡，如今当了母亲的经历极大地丰富了我的生活。在此之前，我所经历的一切都比不上我们第一次全家去游乐场时的喜悦，也比不上我看着女儿啃着她人生中第一根玉米棒时的喜悦。这里没有太多的秩序，我相信不久后会更少，但我已经学会了如何放松和享受生活所带来的美好瞬间。我说我现在很放松，但如果你问我丈夫或我妈妈，他们肯定不会同意这一观点。我了解自己，我还记得自己坐在地板上拿着电线时的焦虑。我知道自己已经有了长足的进步，我尝试让自己有时间去玩耍，去享受无序的快乐。写这封信是为了提醒我要坚持走这条路，把注意力放在充实地过好每一天上，享受与周围的人和谐相处的时光，以及感恩他们所给予的一切。

正如第六章所讨论的，开放性游戏的本质是更大的正念，是对自己的存在和生活经验的现实的觉醒。游戏让我们了解、感受和体验到福禄贝尔（[1887]2005）所说的"内在联系"，即在游戏空间内部的交流。

米勒斯维尔大学幼儿教育暑期学院项目

2010年夏天，米勒斯维尔大学成立了幼儿教育暑期学院（ECSI），项目名为"专业实践中的创意表达"。这是一个为期一周的三学分的研究生课程，课程的核心是操作性游戏。在项目的头两天，参与者完全沉浸在个人的创作体验中：玩低结构材料、运动、绘画、制作滚筒、制作面具、玩黏土、创意写作、进行阅读理解和写反思日志。周三时，参与者被要求首先阅读帕克·帕尔默（2007，10—11）所著《教育的勇气（Courage to Teach）》一书中的选段。帕尔默在书中写道：

> 好的教学不能归因为技巧；好的教学来自于教师的自我认知和忠诚……好的教师建立的联系不在于他们的方法，而在于他们的心灵——也就是传统意义上的感觉，是智慧、情感、精神和意志在人的自我意识中交汇的地方。

然后参与者被要求思考两个问题：

1. 在过去的两天里，你有哪些经历可以用来帮助你发现内在自我？
2. 为什么探究内在自我对你的教学很重要？

参与者讨论并反思了前两天的经历，并将其与专业实践联系起来。个人的创造性经历帮助我们更好地理解为什么孩子们也需要有这些经历。参与者对创造性活动对个体的发展所产生的深远影响的理解，激发了他们在专业实践中追求变革的愿望。以下有两个成功的例子。

◎在听完今天所有的讨论后，有件事一直留在我的脑海里，那就是这句话："如果你总是告诉他们你想要什么，那你就会得到什么。"经过更深入的思考，这是完全合理的。如果我总是给我的学生一个特定的方向和一个预设结局，我将永远不会得到更多。因为这样我便是不允许我的学生有机会挑战自己的思想或展示自己的创造力。

◎这门课向我强调了游戏、运动、自然材料和创造的重要性。由于我的大部分教育实践经历都是在6—11年级,而且没有幼儿教育证书,我很少有在没有工作计划表的教室里进行教学的经验。这门课对我来说是无价之宝,因为我将在这个秋季第一次去教幼儿园的孩子。这正是我一直在寻找的内容,现在我有了一些想法和经验,这样我就可以为我的学生创造一个有趣的、充满游戏的、有教育意义的幼儿园氛围。

教师在特定年级的小组中工作,将不同的创造性活动与特定的早期阅读和数学学习标准联系起来。一些教师惊讶地发现这原来很容易。以下有两条关于这些联系的评论。

◎多么美好的一天!把我们在周一和周二所经历和学到的所有东西放在一起讨论是非常有益的。寻找你真实的内在自我——教学中的"WHO"部分既有趣又与之相关。坦白地说,我在开始的两天里,除了知道游戏对孩子们很重要之外,很难理解所有游戏活动的目的。然而现在,一切都变得更清晰、更有联系,我想继续进一步发展我的行动计划,尤其是当我遇到新的、独特的材料供孩子们探索和创造的时候。

◎今天的内容与之前的大不相同,明显更偏重于应用。我很高兴看到所有创造性的表达活动都可以应用到实际的坐满孩子的教室中。看到创造性活动与这些早期学习标准的直接联系,我感到很欣慰。与我一起工作的专业人士非常在乎工作中的职责问题,而创造性、表现力强的游戏和美国国家标准之间建立直接联系正是他们所需要的。

参与者制定了将创造性表达应用于专业实践的行动计划，为了充分证实这些计划，他们在实践中结合了自己的经验、指定的文本或其他相关研究的证据。在为期一周的课程中，参与者获得了对其创新能力的肯定，对需要改变实践的认识，一种新的权力感和专业精神，提升了他们作为变革的催化剂的能力。以下是行动计划中的一些引述，反映了参与者对创造力在个人生活和专业实践中的重要性的看法。

◎首先要做的是改变我的态度。起初，我的态度是我不能做某些任务。我不是一个很有创造力的人。考虑到本周的实际情况，这些说法显然是错误的。知道自己有能力是我唯一需要的态度。这将使我对自己的学生保持积极的态度，促使他们相信自己有能力完成许多事情。

◎我们是填补空白的人；作为幼儿教师，我们必须填补研究、价值观、实践和管理之间的空白。一个很好的起点是宾夕法尼亚州的早期学习标准。该标准使用一套大家都能明白的话语体系。我们知道自己在做什么，为什么要做……这是非常好的。我个人需要练习在不同层面上解释这一点，以便让自己感到更满意。

◎我目前是一名城市中的幼儿园老师，从我了解到的情况来看，我们辖区中的学校是跟案例中的最像的：管理人员控制欲很强。如果不是阅读、数学、写作等领域的内容，他们就会觉得这是在浪费时间。所以，我主要关心的是如何在课堂上有效运用这些创造性的方法？首先，我要邀请这些管理人员到我的教室中来，我想让他们看到创造力的产生以及学生是如何在享受学习中达到美国国家标准的！我希望我能改变"学生最好的学习方式是坐在课桌前，重复练习将要测试的内容"这一错误观念。我知道改变不会在一夜之间或一学年之内发生，但我相信随着时间的推移，改变必然会出现。

> ◎改变是很困难的。我们很多人都喜欢处在自己的舒适区。
>
> ◎在早期教育中做一个正确的倡导者,应当拒绝一种实践方式。这种实践方式为了避免不理解的人的质疑或蔑视,牺牲了发展的适当性和最佳的方法。向管理人员提供信息,让他们更好地理解我的课堂上发生了什么以及为什么发生。

这些参与者经历了个人信念和专业理念的转变,使他们在专业的理解和技能上有了进步。在他们的行动计划中,他们就"什么对儿童发展最有价值"这一问题进行了充分的论证,表达了自己的信念。在他们的行动计划中,他们对什么适用于孩子们的直觉表达表现出了一种信念,并在专业实践中通过创造性的技能将这种信念转化为了行动。

开放性游戏之于研究生的益处

作为"家庭、学校和社区"这门研究生夜间课程的一部分,这所大学的学生在每节课开始时都要利用低结构材料进行15分钟的独自游戏。背景音乐是舒缓安静的轻音乐,学生把白天的压力放在一边,平静地进行对新知识的追求。这使得他们在花了一整天的时间与孩子们在一起后,在身体上和情感上都能完全调整到较好的学习状态。事实证明,这种针对忙碌的在职教师的过渡策略,在帮助他们反思自己的专业实践方面是非常宝贵的,研究生们分享了以下见解。

> ◎作为一名专业的幼儿教育工作者,这让我耳目一新,因为它让我想起了孩子们是如何把一切都变成游戏的。它还帮助我记住,在这种类型的游戏中,孩子们不断地学习,因为他们与各种新奇的游戏材

料互动，就像我们研究生不断探索一样。

◎在我的研究生课程中观察自主游戏的经历巩固了我在自己的教室中设立游戏区域的做法，也让我对自己不把它们从幼儿园的教室中移除这一决定充满信心。我现在不会像曾经一样因为积木、七巧板、弹珠和分类游戏等材料不符合一些管理部门制定的所谓学术标准的要求而质疑自己，甚至是批评自己，因为我的研究生课程不断地提醒我，这些材料的确是符合专业幼儿教育标准的。实际上，在孩子玩的时候成人能够聆听并理解他在表达什么，这比具体玩什么更重要。

◎在研究生的课堂上，我们这些老师坐在参与者的位置上玩游戏；这重新激发了我们的热情，激发了我们想要创设一个符合儿童发展适宜性需要的教室的动力，发展适宜性这个理念我们虽然都无比熟悉，但真的要实现它，还需要坚持不懈的奋斗和努力。

小结

为教师提供具体的经验是促进教师专业发展不断革新且取得成功的必要组成部分。通过实践经验，教师的记忆、价值观和信仰体系被激活并生成充满创造性的行动。

为什么教师认为自己在个人生活及专业发展上都兼具创造力很重要？因为有创造力就是有原创性和适应性。创造力使教师能够找到解决课堂问题的独特的方法。因此，为教师提供促进创造力发展的具体策略、技能和思维习惯，将影响他们在教室和教育组织中应对问题的方式。当教师被赋予创造力时，他们会找到更有创造力、更有弹性的方法来满足孩子们的需求。

第八章
克服将游戏作为学习手段时遇到的障碍

> 爱无惧藩篱。它跳过篱笆,穿过墙壁,跨越障碍,到达充满希望的目的地。
> ——玛雅·安吉罗

第八章 克服将游戏作为学习手段时遇到的障碍

游戏营造了一个安全的环境，在这个环境中，孩子们可以尝试新的想法并使用探索性的材料，并在这个过程中发展社会交往、情感、身体和认知等方面的能力（Copple 和 Bredekamp，2009，14）。但我们不要忘记，游戏也应该是有趣的！通过游戏，孩子们满足了他们追求新奇和快乐的内在愿望，表达了他们的想法和情感。

与"游戏对儿童发展的价值"同样重要的问题是，一些教师认为在课堂上使用游戏作为学习手段存在许多障碍。在本章中将证明教师完全可以克服这些障碍，并且许多人正在为此孜孜不倦地努力。我们以玛雅·安吉罗的名言作为这一章的开篇，因为我们相信，正是教育工作者对儿童和教育工作的热爱，使他们能够合理规划并创设能够鼓励游戏、支持学习的环境，组织有益的活动。

游戏中的文化障碍

20世纪80年代，戴维·艾尔金德注意到美国对儿童的文化态度发生了转变。他在1981年首次出版的《萧瑟的童颜：揠苗助长的危机（The Hurry Child：Growing Up Too Fast Too Soon）》一书中描述了孩子们是如何被逼得越来越早地成熟的。这种态度是开展儿童游戏时遇到的第一个障碍，矛盾也从那时起变得越来越尖锐。艾尔金德（2001）认为这种现象从很多方面来看都是父母匆忙生活方式的直接结果。由于几乎没有时间来培养孩子，并与孩子有效互动，父母可能会将这种培养外包出去（Elkind，2001，27）。但把自己孩子的培养工作外包出去，实际上可能会削弱父母对自身能力的认识。

与游戏相关的另一个障碍是：许多孩子的日程安排中充满了几乎不间断的体育活动、其他娱乐活动或社团安排。这种过度安排再加上花在儿童选择和临时计划的活动上的时间，使得能用于游戏的时间更少，这对儿童的成长与发展有深远的影响，包括睡眠障碍、易怒、注意力不集中、情绪低落，以及在刺激体验后无法自我恢复（Puckett等，2009，323—324）。在美国和世界各地，关于儿童应花在结构化活动和非结构化活动上的时间比例的争论仍在继续（Anderson和Doherty，2005；Ansari，2012；Simoncini和Caltabiono，2012）。这些文化态度转变的一个后果是：游戏正从它在儿童生活中传统的、我们认为是合理的位置上被取代。儿童游戏遇到的障碍不仅是出现在社会上，而且在儿童早期的课堂上也会遇到。

教师对阻碍游戏开展各因素的看法

2010年秋季，在全美幼教协会附属机构和会员关系部门的财政支持下，自我教育学院在加利福尼亚州、阿拉斯加州和马里兰州举办了三次全州范围的游戏研讨会。这些研讨会包括第四章所介绍的游戏工作坊。作为自我教育学院正在进行的关于游戏工作坊如何引领专业发展的调查的一部分，参与者回答了游戏态度调查问卷（PASI）中的问题。参与者是为从出生到8岁的儿童服务的幼儿项目的教师和主管。这些问题调查了参与者对阻碍游戏开展的各种因素的看法以及对教师在专业实践中将游戏作为学习手段时所需要的支持。

表8.1显示了参与者对调查问题的回答情况。绝大多数情况下，将游戏作为学习手段时最常见的阻碍是父母不重视游戏的价值。教师反映给孩子们提供游戏机会的最大阻力是家长不了解游戏的价值以及游戏与学习、发展之间的联系。教师还认为，其他教师和管理人员也缺乏相应知识。教师需要知识、技能和信心来解释游戏的重要性以及它到底如何有效地促进学习。

表8.1　将游戏作为学习手段时遇到的障碍

	加利福尼亚州 （总数=76）	%	阿拉斯加州 （总数=61）	%	马里兰州 （总数=69）	%
对游戏的理解及游戏观						
父母的游戏观	31	41%	30	49%	31	45%
教师自身的游戏观	24	32%	15	25%	7	10%
主管部门的游戏观	9	12%	5	8%	9	13%
社区的游戏观	7	9%			1	1%
孩子的游戏偏好			10	16%		
实　践						
时间	18	24%	18	30%	20	29%
材料	13	17%	18	30%	21	30%
政　策						
测试/责任/标准	4	5%	5	8%	30	43%
空间环境	3	4%	8	13%	4	6%
法律法规	2	3%	3	5%	21	30%
财政支持	2	3%	2	3%	1	1%
安全性	1	1%	3	5%	3	4%

资料来源：内尔和德鲁关于手、心、脑®国家儿童教育协会附属游戏研讨会的结果报告（自我教育研究所，2011，11，16，22）。

调查中提到的另一个障碍是缺乏充分融入游戏的时间。正如我们所讨论的，我们的文化已经开始重视为孩子们制定过于结构化的日程表。幼儿园和小学的日程表中充满了以学术为中心的课程，以至于找到时间让孩子们自由、无组织地游戏变得越来越困难。一些学校认为把时间花在有组织的学习之外就是在浪费时间，因此他们正在努力压缩甚至是取消小学的课间休息（Jarrett和Wait-Stupiansky，2009）。在尝试启发和教育那些制定和执行这些不合理政策的人时，教师可以再一次发挥关键作用。

第三个障碍是缺乏合适的低结构材料。游戏工作坊使用的低结构材料促进了创造力的发展，参与者将材料的质量与游戏体验的质量联系起来。正如我们所看到的，为儿童提供可回收的低结构材料是一种经济且生态的做法。然而，一些教师发现很难获得适宜的材料。

在阿拉斯加州举行的全州游戏研讨会上，16%的被调查者提到，许多刚进教室的孩子似乎缺乏开放、创造性游戏的意愿和倾向。这种游戏倾向的缺乏可能表明孩子们没有持续地体验创造性游戏的机会。一个可能的原因是电子玩具和电子设备的兴起；积极的、创造性的游戏正在被屏幕时间所取代，许多孩子在家里和学校都变成了被远程控制的学习者（Levin，2011）。也就是说，那些花大量时间在屏幕设备上的孩子们正在从这些设备中吸收想法、价值观和行为，而不是通过直接的感官游戏体验来积极建构自己的知识和意义。通过屏幕媒体获得的知识与通过真实的三维物体以及通过与其他儿童和成人互动获得的知识在性质上是不同的。让我们重视学习过程，以确保儿童和成人一样，是主动控制自己学习过程的主体（Levin，即将出版）。

所需支持

作为调查的一部分，参与者还分享了他们在课堂上将游戏作为学习手段这一过程中期望获得的帮助（见表8.2）。教师表示，目前最需要的是对教师、家长和管理人员进行培训，以引导他们理解游戏对儿童发展和学习的重要性。我们相信这可以通过使用意向性的实践过程来实现。正如我们已经讨论过的，这种游戏是一个动态的过程，它吸引参与者活动双手、集中思想、敞开心扉，这样成人和孩子们都能建构深刻的可迁移的知识和意义。

教师还指出，需要在日程表中增加游戏的时间，并需要为孩子们的游戏投放低结构的材料。

表8.2 教师将游戏作为学习手段时所需要的支持

	加利福尼亚州（总数=76）	%	阿拉斯加州（总数=61）	%	马里兰州（总数=69）	%
关于游戏的知识及游戏观						
父母关于游戏的知识	14	18%	10	16%	29	42%

（续表）

	加利福尼亚州（总数=76）	%	阿拉斯加州（总数=61）	%	马里兰州（总数=69）	%
教师关于游戏的知识	24	32%	23	38%	30	43%
专业发展	30	39%			11	16%
社区关于游戏的知识	5	7%	3			
主管部门关于游戏的知识				5%	23	33%
实 践						
时间	7	9%	10	16%	5	7%
材料	20	25%	29	48%	17	25%
政 策						
财政支持	6	8%	2	3%	3	4%

资料来源：内尔和德鲁关于手.心.脑®国家儿童教育协会附属游戏研讨会的结果报告（自我教育研究所，2011，11，16，22）。

向家长普及游戏的价值

对三次游戏研讨会结果的分析促成了一个独特的、由自我教育学院赞助的美国家长教育项目的设计和实施，该项目名为"请让我的孩子玩起来"。这个项目不仅基于游戏研讨会的研究，也基于诸如美国儿科学会（AAP）等其他全美国家级组织的相关研究。金斯伯格和他的同事们（2007，182）发现在游戏中父母和孩子可以充分地相互交流。

"请让我的孩子玩起来"项目的宗旨是：

- 提醒和教育家长了解自主游戏对儿童的认知、社会交往、情绪情感和身体发展的价值和重要性。
- 支持美国儿科学会的目标。
- 配合发展适宜性实践。
- 加强沟通，建立持久的家庭关系。
- 帮助父母成为儿童和成人生活中游戏活动的积极倡导者。

自我教育学院与家长一起使用了三种不同的自主游戏模式。在第一种模式中，父母在没有孩子的情况下参加研讨会，以便在没有干扰的情况下完全沉浸在游戏中。游戏体验结束后，家长写下日志，进行反思对话，讨论体验的意义。通过这种方式，父母能够将他们自己的游戏体验与孩子们的联系起来。

在第二种模式中，父母和孩子一起参与游戏过程。这个模式支持游戏过程中的亲子互动，并允许游戏教练在游戏过程中为双方提供帮助。这种模式的优点是允许父母完全沉浸在和孩子的游戏中。对许多父母而言，这可能是他们第一次真正坐下来和孩子一起玩。这段经历对父母来说将是非常深刻的体验。

在第三种模式中，孩子游戏，父母观察。然后，在游戏教练的指导下，家长反思他们观察到的学习和发展类型。通过这种形式，游戏教练也可以把孩子沉浸在游戏中时发生的美妙情节展现出来。

每种模式都有优点和缺点，但都是为了帮助父母更好地理解并热衷于他们的孩子在玩耍时所取得的成就。我们相信，就像许多幼儿教育工作者一样，如果我们能帮助家长理解游戏的重要性和价值，他们就会成为在全美各地教室里把游戏作为一种合法学习手段的强有力的盟友。家长应努力理解游戏的内涵并捍卫儿童游戏的权利。

游戏倡议

为了支持在教室中使用开放性游戏，使儿童能够从这种游戏中受益，游戏工作坊必须推动除了教师和教室以外的变化。有清晰的证据表明游戏工作坊确实以倡议的形式在更大的范围内带来了变化。

全美幼教协会的"游戏、政策和实践兴趣论坛"就是一个例子，它始于对儿童游戏感兴趣的一小群人。论坛成员通过研究和游戏工作坊的形式与其他对儿童和游戏感兴趣的人合作。参与这些合作的组织包括儿童博物馆协会（ACM）、游戏研究协会（TASP）、儿童联盟、有关教育工作者携手共建安全环境协会（CEASE）、0到3岁联盟、国际游戏协会（IPA）、可循环资源协会、捍卫童年协会以及各类行业协会，例如：玩具业协会、美国特种玩具协会（ASTRA）、国际玩具研究会（ITRA），以及许多其他支持在当地社区开展游戏活动的组织。

各个感兴趣的州附属机构与全美幼教协会附属机构和会员关系部门的成员也在合作努力开发一个新模式，以形成州一级的游戏、政策和实践兴趣论坛。这些新型的兴趣论坛与其他组织合作，共同倡导和推广游戏。例如，2009年爱荷华州幼教协会游戏研讨会，结合了自主游戏工作坊模式，在爱荷华州幼教协会领导层中开展了对游戏的大力宣传。爱荷华州幼教协会正在建立一个游戏委员会，并为幼教协会内部的游戏、政策和实践兴趣论坛奠定了基础，其功能和宗旨与全美的兴趣论坛类似。正如爱荷华州幼教协会执行董事芭芭拉·梅里尔所说，它的目的是：

> 通过联系研究人员、教师、教育工作者、家长和其他对游戏有共同兴趣的人，更新和传播当前关于游戏的多方面特性和发展价值的知识，成为幼儿社区中倡导儿童游戏的价值和重要性的发声群体（私人信件，2010，8）。

行动和宣传的另一个途径是让个人发展成为游戏教练，并将组织工作坊作为专业发展机会的一部分。游戏教练目前正在佛罗里达州、爱荷华州、密苏里州、新墨西哥州和宾夕法尼亚州接受自我教育学院的培训。例如，自2009年爱荷华州幼教协会研讨会以来，该州11位经验丰富的专业人士，包括早期教育工作者、中心主任、启智计划的工作人员、大学教师和公共教育顾问，参加了爱荷华州游戏教练领导力的第一批培训。这些专业人员正在与自我教育学院和爱荷华州幼教协会领导层合作，为促进游戏的多方面工作创建一个支持系统。

巴吉·兰金，新墨西哥州幼教协会的执行董事和游戏主教练，与新墨西哥大学的社区行动伙伴关系和家庭发展项目一起组织了一个游戏日。游戏日将来自不同地区的团体聚集在一起，他们代表了各种各样的利益和观点：家庭、幼儿教育工作者和社区中对幼儿教育问题感兴趣的成员。这样的活动有助于将利用低结构材料开展的游戏带给越来越多的人。

游戏工作坊还通过为对话提供共同的背景和语言体系来鼓励游戏行动和宣传。正如美国教育相关部门一位官员指出的那样：游戏体验是一种联结机制。我在州里感受到了游戏和我的工作之间的联系。州和地方各级之间的联系越多，我们就越能发出更强有力的声音，一起倡导游戏合作是成功宣传的关键。

在佛罗里达州，有兴趣的团体正在合作提供自主游戏培训工作坊，将其作为把游戏付诸实践的策略。相关机构包括佛罗里达州的幼教协会，全美幼教协会附属机构和会员关系部门，全美幼教协会的游戏、政策与实践兴趣论坛，自我教育学院，以及佛罗里达州当地的分支机构。这些合作的目的是：

- 加强关于游戏在幼儿生活和整个人类生命周期中的重要性的论述。
- 加强以游戏为基础的学习，将其作为发展适宜性实践的一部分。
- 为儿童早期教育成员提供资源和宣传工具。
- 通过与早教中心、早期开端计划、儿童博物馆和地方官员的合作，将佛罗里达州当地的幼教协会附属机构定为其社区重要的早教伙伴，从而建立一个宣传社区。

佛罗里达州幼教协会的执行董事苏珊娜·盖伦斯指出：

> 在佛罗里达州，我们的立法人员不仅在学前和幼儿园的课程中取消了游戏，而且对儿童的阅读和数学成绩也抱有不切实际的幻想。我们必须教育幼儿护理人员、教育提供者和家长，让他们知道游戏对幼儿的重要性，并引导他们成为积极的倡导者。我们必须找到说服立法者的方法，让他们相信游戏可以促进儿童的认知发展（私人信件，2011，6）。

克服障碍无论是对个人发展还是对专业提升而言，都是一项艰巨的任务。我们相信，具有创造性的自主游戏将会给个人带来深刻的游戏体验，将唤醒个人对孩子们和教育的爱，正如本章开头所提到的："它跳过篱笆，穿过墙壁，跨越障碍，到达充满希望的目的地。"

第九章
案例分享：建立社区伙伴关系以提升早期教育质量

> 不要沿着已有的道路去它可能会带你去的地方，而要选择走没有路的地方，留下足迹，走出属于自己的一条路。
>
> ——拉尔夫·瓦尔多·爱默生

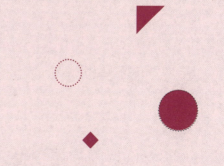

与全美和国际上不同的组织和团体建立社区伙伴关系，是提高早期教育质量的有效途径。来自这些群体的个人有着不同的兴趣和观点；让他们参与到自主游戏和艺术创作中，是提高早期教育质量的理想手段。

在这一章中，我们着重介绍了几个社区合作伙伴，分享了游戏经验对儿童和成人的影响。其中一类合作伙伴是可回收资源中心和当地不同行业的企业单位，他们负责提供儿童和成人使用的创造性材料。我们还将讨论一种使用开放性游戏的"早期开端"训练模式，以及介绍它是如何成为自我教育学院国家游戏教练训练计划的推动力量的。然后，我们将看看开放性游戏体验是如何影响三个组织的员工发展和规划的，这三个组织分别是：俄亥俄州林德赫斯特的霍肯学校的幼儿教师培训学院；北卡罗来纳州罗利市的儿童弹珠儿童博物馆以及在佛罗里达州可可海滩上一所高中的同济会关键俱乐部的青少年辅导项目。

可回收资源中心

可回收资源中心的概念很简单。当地的企业和工厂不断地免费捐赠他们不再需要的残次品及其他材料。可回收资源中心查找并收集这些有价值的材料，如聚酯薄膜、纤维板、织物、纱线、丝带、毛毡、泡沫、木材、金属丝、瓷砖、塑料瓶盖和纸张等。通过可回收资源协会的统筹和宣传，这些材料可用于支持创造性的、建构性的游戏，从而改善儿童和成人的教育体验。

可回收资源中心提供令人惊奇的真正意义上的寻宝活动。教师、家长、艺术家和社区的其他成员可以在资源中心搜寻、囤积美丽的物品,并为它们的使用寻找灵感(Topal和Gandini,1999)。这些可回收资源中心是一个创新的、三赢的、商业——教育——环境友好的伙伴关系。企业以切实的方式展示了他们的公民意识,并节省了昂贵的处置费用。儿童和成人手头都有可以激发创新和创造力的低结构材料。这些可回收资源中心对社区的环境也有好处,因为当地的垃圾填埋场不再需要处理这些材料。参与回收和再利用工作的人也更容易形成一种良好的生态观念。

创意回收中心这一创造性的想法并不新鲜。在过去的很长一段时间里,先驱者们创建了可回收资源中心作为专业的支持系统来帮助教师提高教育质量。1975年,玛丽·皮雪莉在马萨诸塞州的伍斯特建立了第一个公立学校创意回收中心。她是学校里的一名家长志愿者,曾担任该中心的创始主任,并在26年后于2001年退休。在玛丽的帮助下,波士顿公立学校回收中心于1980年成立。

1989年,博比·布朗,作为艺术家和大师级游戏教练,加入了波士顿中心的工作团队。他分享了以下关于可回收资源中心价值理念的评论。

◎可回收资源中心的理念是创建一个地方,让企业和工厂可以处理他们不再需要的废弃材料,但这些材料对公立学校的教师而言却是非常有用的。可回收资源中心的雏形很小,只是在家长教育中心有一个大壁橱,用于储存和分发材料,但随着这个想法的流行普及,这个项目逐步成长起来。对于波士顿公立学校(BPS)的管理来说,这些可能被丢弃的材料的价值变得显而易见。

起初,使用该中心的大部分用户是幼儿教师和小学一、二年级的教师。不久,艺术教师发现了这个宝库,里面有各种各样美丽的材料。接着被吸引来的是科学教师,尤其是在科学展览期前后,他们对此很感兴趣。数学教师紧随其后。中心员工在新英格兰地区的各家公司里搜寻材料并将其分发给教师、艺术家、家长、营地辅导员、课外教师

> 和其他有需要的人。很多人可能会在桶里、箱子里、架子上、文件夹里，甚至是在地板上找到他们心怡的令人惊叹的物品或"宝藏"。当教师开始思考探究如何使用这些奇妙的材料时，自我教育学院开发了一系列的专业培训工作坊，这些工作坊在30年后的今天仍然在提供服务。如果想要了解更多的信息，欢迎访问我们的波士顿可回收资源中心网站www.ExCLrecycles.org。

多年来，富有灵感和足智多谋的教师一直在搜寻和再利用各种废弃的材料。可回收资源中心这一概念如此成功的一个原因是它节省了教师自己收集资料所需的时间和精力。这些中心是开放性和操作性游戏和艺术创作的核心。这些中心和它们所提供的材料有助于创造一个美好的愿景，并激励人们为了儿童和环境的利益而共同努力。感谢许多人的共同努力，人们更快地认识到，现在是有意地查找、收集和重新分发教学材料的时候了，这是管理社区资源的一种明智且充满创造性的做法。

圣路易斯教师创建的可回收资源中心是最成功的回收项目之一，由幼儿教师和大师级游戏教练苏·布兰福德于1992年创建。该项目最令人激动的特色是可以为儿童和成人提供操作性游戏和艺术制作的工作坊，与此同时，该项目还与学校、儿童护理中心、早期开端计划、社区青年和课外项目、退休机构、学院和大学等机构合作，设立了多功能中心，提供高质量的创造性操作学习的其他副产品。

一次亲身体验启发了安琪·梅普斯开创了位于爱荷华州勒克莱尔的可回收材料艺术创作中心。她说：

> ◎25年来，我在爱荷华州的勒克莱尔拥有并管理着一个小型的、

全美幼教协会认证的儿童中心。一直以来我的生活忙碌、有条理、有组织而严肃，有时压力也很大，这种状态一直持续到2009年5月的一天。那天，我参加了由沃特·德鲁博士和巴吉·兰金博士主持的爱荷华州幼教协会手、心和脑®游戏研讨会。作为爱荷华州幼教协会的董事会成员，我既好奇又渴望成为这个独特的全美幼教协会赞助活动的一部分。在这次研讨会上，我有机会在几乎没有任何引领和指导的情况下自主使用低结构材料。

我必须承认，刚开始我其实有点不情愿。我习惯性地需要一些指示、规则或讲义来告诉我如何使用这些材料。但是，当我开始独自探索这些材料时，一些神奇的事情发生了，我发现自己与这些材料产生了联系，同时自然地过渡到一种存在的状态。一种意想不到的，几乎难以形容的感觉涌上我的心头，我舒适、安全、满足地玩着，没有任何限制和规则。事实上，我在玩的时候似乎完全忘记了时间。我甚至不明白玩低结构材料这样简单的事情怎么能给人带来平静和满足感呢？

研讨会结束后，我自私地想把整个经历都默默地藏起来，希望将来能在我压力更大、工作更繁忙的某一天悄悄地利用它。然而也就是在那天，在我开车回家的路上，经过一番深思熟虑，我意识到自己需要与家人、朋友和同事分享这些经验，并以此激发他们的游戏体验，于是我就这么做了，这种分享首先从我的员工开始。

正是通过练习、分享和传递我对利用这些材料开展游戏的新热爱，激发了我在爱荷华州开设第一家这种类型的可回收资源中心的梦想。怀揣着极大的激情和热切心情，我开始收集和储存来自公司和个人的捐赠材料，我坚信这个梦想最终会成为现实。

2010年9月25日，在我的家人、朋友、沃特·德鲁博士和苏

> 珊·布兰福德的支持、关爱和指导下,"可回收材料的创作艺术中心"在爱荷华州农村地区的勒克莱尔小镇开业。当天,我的梦想——开创一个主要为教师服务的可回收资源中心成为了现实……这是直到2009年的游戏研讨会之前都从来不曾存在过的关于低结构材料的梦想。这个梦想之所以发生,是因为我有机会在一个没有威胁和强制规定的环境中游戏,当置身于其中时,除了我的想象力之外,没有不得不做的事情。这个梦想触动了我的手、我的心和我的头脑,现在它让我能够分享和激励其他人,包括孩子和成人,把可回收的材料重新利用来进行创造性的学习,不带任何外在目的地开展游戏。

低结构材料的使用

可回收资源中心对于动手操作的过程是至关重要的,因为这个过程是由丰富多样的低结构材料所实现的。材料是成人游戏和游戏领导力培训成功的关键,也是优质的幼儿课堂实践的关键。材料是确保儿童和成人动手玩游戏成为可能的重要因素。合作游戏体验中材料的组合是实现最佳社会性游戏体验的关键因素。

学识渊博的教师都明白,孩子们通过创造性发展出一种独特的自我价值感(Galinsky,2010,186)。虽然创造性的、动手操作的活动经常受到低结构材料缺乏的限制,但在每个社区都有丰富的未开发的资源。正如我们讨论过的,这些可回收材料的发现推动了创新的社区伙伴关系,在这里,商业领袖、教师、艺术家和家长共同努力,以提高教育质量,推进适宜合理的环境管理规范。

这些材料对教育工作者而言具有极高的价值,其独特的价值并不仅仅因为它们是免费的,更关键的是这些低结构材料的多样化和独特性激发了整个课程的探究性和创造性思维,从数学、科学到艺术和文学。儿童,尤其是3到9岁的儿童,都需要积极主动地直接探索世界,并把他们的智力和创造力运用到在探索过程中遇到的问题上（Piaget和Inhelder，1969）。当儿童和成人探索具体材料时，他们完全沉浸在创造的过程中，不知不觉发展了批判性思维能力。可重复使用的材料独特而开放的性质帮助儿童和成人获得了创造的力量。

如何看待材料

可回收资源中心及其材料不仅改变了个体，也改变了社区及更多群体。接下来请聆听不同的人讲述低结构材料带来的或潜在或真实的变化。

前佛罗里达州环境保护部的迈克尔·奥尔森认为：“可回收资源中心有潜力从根本上改变人们（儿童和成人）对材料的看法。这些中心正在重新定义什么是废弃物，并发掘任何材料可能具有的创造性。畅想我们的环境在这种新模式下的未来真是一件令人兴奋的事情。”

罗尔夫·G·密茨博士（俄亥俄州，新康科德玛斯金格姆大学文科硕士教育项目前主任）评论说：“大多数人甚至不知道这种材料有重新利用的价值，也不知道其成本是如此低廉。然而，一旦有机会去探索这些材料，无论体验者年龄几何，他们立即会感觉到这些材料对提高创造力的价值。正如第七章所述，玛斯金格姆大学多年来在其幼儿教育暑期培训学院中整合了可重复使用的资源。我们需要消除被电子设备困住的久坐效应，取而代之的应是增强低结构材料和它们所产生的多维度创造的动觉潜能。”

伊丽莎白·琼斯还清晰地记得自己第一次发现大量可回收材料时的喜悦激动之情，这些材料是为波士顿惠洛克学院的一次游戏研讨会收集的。

◎我第一次遇见沃特·德鲁是在波士顿惠洛克学院参加由埃德·克鲁曼组织的一次游戏大会上，当时我正试图逃避老师们的谈话。事实上这是一个很好的会议，汇集了许多充满热情且神情严肃的游戏研究者和儿童游戏的积极倡导者。就像人们在会议上经常做的那样，他们坐着探讨，严谨认真地阐述各自的观点，共同探讨理论和行动策略。

共同构建想法是所有人类，甚至是4岁的孩子都能完成的。但是就像4岁的孩子一样，成人也需要时不时移动他们的身体。久坐之后我开始左顾右盼坐立不安（尽管我的年龄比4岁大了许多），我迫切地想逃离这场谈话。可惜研讨会上有很多心理游戏和语言小游戏，唯独缺少了最重要的能动手操作的游戏，我实在坐不住，就逃出会议室去放风了。

在大楼入口宽阔的楼梯下，你猜我发现了什么？那里只有一小块活动的空间。里面有一些意想不到的可爱的东西——成堆的手工回收材料。这里有两个友好的游戏教练，沃特·德鲁和英格丽德·查鲁夫。没有其他人在那里。显然，这个角落正等待着被探索。幸运的是我来了，我看到了，我渴望留下来玩，也期待能跟他们交流。从那以后我就一直追随这沃特和他的朋友们。我之前从来没有参加过其他类似的有趣的活动。

桑德拉·怀特·斯图帕斯基是宾夕法尼亚州爱丁堡大学米勒实验学校的幼儿园教师和教授，她分享了使用可回收资源是如何影响她的教学的。

◎几年前，我参加了全美幼教协会年会的游戏体验工作坊。和大家在一起的几个小时里，我们玩了各种各样的可回收的材料，从不同质地的长丝带到硬纸板管、塑料瓶盖、木块，再到聚苯乙烯泡沫塑料。我记得我独自一人安静地摆弄着它们，背景音乐是如此轻柔舒缓。我和一起玩游戏的人建立了联系，尽管我们以前从未见过面。这整个经历唤醒了我儿时玩耍的愉快记忆。那些快乐的时光，没有表演的压力，也没有急着从一个活动到另一个活动的压力，没有正确和错误做事方式的标准，也没有外在的规则。我们从游戏体验中得到的唯一指令就是"去玩"。会议结束时，工作坊组织者建议我们将使用的可回收的低结构材料装进一个袋子里，支付象征性的费用就能将其带走。我在包里塞满了形状和大小都像冰球的蓝色泡沫塑料球。我选择了这些材料，因为它们刚好可以放进我的行李箱，不会增加太多的重量，而且我预感到我们幼儿园的孩子们会喜欢它们。

事实证明我是对的！当我把这些蓝色的像冰球一样的塑料球给幼儿园的孩子们看时，他们竟然不用提醒就知道该怎么做！他们把塑料球当成戏剧表演游戏中的食物；他们用塑料球搭建了精巧的建筑，看上去像极了金字塔。我们一起用塑料布做了一个冰球场，他们用蓝色的泡沫塑料球、小球杆和临时球门玩冰球。从那时起，孩子们每年都会想出不同的方法来使用这些蓝色塑料球。去年，我们班花了几个星期的时间把它们做成了一个饼干城堡。他们每天都会增加一点创意，调整他们的设计，或者干脆推倒重建。孩子们还精心制作了一块标志牌，并把这块牌子郑重其事地放在了重要位置——"请勿触碰"警告牌的旁边。我真的相信他们的创造是受到了这些有趣的塑料球的启发，这些材料竟然差点被扔到垃圾填埋场去了！在孩子们手中，这些废弃物变成了一座神奇的城堡。今年，另一群孩子正在用他们自己独特的方式使用同样的材料。一个孩子用塑料球画了一辆怪物卡车，圆形成为了她绘画作品中轮胎的灵感来源。她画画时仔细地把形状和颜色搭配起来。另一组孩子用塑料球作为他们自己搭建银行时所使用的货币。

> 孩子们从不缺乏使用这些材料的奇思妙想。我问怪物卡车的创作者，她还能用我们的蓝色泡沫塑料球做什么。她不假思索地热情回答："什么都行！"
>
> 这些可回收的材料的神奇之处（除了它们的价格）在于：它们在不同的人手中会变成许多截然不同的事物。可回收资源中心的工作人员鼓励我们成人在使用这些材料时充分调动我们自己的想法、经验和想象力。这一建议对儿童也同样适用。材料的流动性和它们有趣的纹理及形状激发了无穷的创造力。很难想象，如果可回收资源中心的工作人员不去拯救这些珍贵的材料，它们只会在某个角落蒙尘。

游戏对于人类发展的重要性：一个早期开端计划的培训模式介绍

贝弗莉是三个孩子的家长，她在一个早期开端计划的游戏工作坊里玩蓝色长方形泡沫块。坐在房间的后面，她用泡沫块在自己周围筑起一堵墙。在随后的反思分享中，她哭了起来，说："我也是刚刚意识到小时候父母从来没有陪我玩过。但更让我伤心的是，我才意识到自己也从来没有陪我的三个小女儿一起玩过游戏。"

这段短暂的自我发现给贝弗莉的生活带来了巨大的变化。她后来成为了早期开端计划的家长协调员，并为其他家长组织了游戏培训工作坊。

我们在早期开端计划的工作始于1991年新英格兰早期开端计划协会会议期间的一个自主游戏工作坊。参加该项目的孩子家长走进房间，看到地板上各种布置得很美的材料：粉红色的泡沫圆圈、蓝色长方体泡沫块、木块、纽扣、丝带、经抛光后的河石、闪闪亮亮的银色和金色的塑料瓶盖，以及其他各种各样的低结构材料。轻松的氛围和支持接纳的环境激发了他们对自己的生活和对父母角色的深刻反思。

在这次活动之后，部分参加了会议的家长要求举办更多的游戏工作坊。他们被这种自我反思、亲身感知的游戏体验所吸引。一位与会者说："我非常喜欢这个研讨会，我觉得每个项目都应该有与之类似的研讨会，这样每个家长都能体验到不同的感受，并抓住希望之光。"

为了响应他们的要求，自我教育学院与新英格兰早期开端计划资源中心一起开发了一个培训师领导力的项目。这一努力将游戏体验从地区会议层面带到当地社区，帮助早教教育项目开展更多类似的游戏工作坊。

项目的第一阶段是每年两次的家长和工作人员的介绍性的研讨会，该研讨会由新英格兰早期开端计划协会举办。他们以这种方式向参与者进行介绍：用具体的材料进行游戏可以为我们提供反思自己生活、表达自身创造力和个性的机会。在这个工作坊中，工作人员和家长将利用亲身体验和讨论来探索游戏本身的价值及其对健康的情绪情感、社会交往、身体和智力发展的意义。

该项目的第二阶段是对来自新英格兰地区早期开端计划的至少两名协调员进行为期三天的培训。部分团队会有家长参加。培训的目的是帮助参与者达成以下目标。

- 体验游戏的力量以及游戏与健康的情绪情感、社会交往、身体和智力发展的关系。
- 学习在他们自己的项目中为工作人员和父母提供更优质的游戏体验。

在培训期间，反复的操作性游戏和体验分享帮助参与者深入地了解了游戏的影响、游戏与人类发展的关系以及游戏作为一种整合专业发展学习经验的手段的潜力。参与者学习了游戏如何揭示人们所做、所想、所说和所感受的多样性，他们也理解了游戏指导的过程。

训练的基本要素包括讨论材料的类型和使用方法，游戏场地的氛围和心理环境的营造，以及游戏教练的角色。当参与者彼此分享他们的经验时，他们探索并实践了支持性的、不评判的、互动的风格，这对成功的指导是必不可少的。参与者被期望将这些技能带回他们各自的项目中，为工作人员和家长提供亲身体验，并在可能的情况下用照片、日志和视频记录这个过程。

像下面这样的讨论问题可以帮助参与者从不同的角度思考游戏：

- 您刚才的游戏经历有哪些基本要素？
- 让我们想想独自游戏和合作游戏，它们是不同的，但都有其独特的价值。您对这两种游戏的体验有何不同？
- 如何在您的项目中使用它们？
- 游戏教练的角色是什么？
- 游戏教练必须做什么才能创造一个安全的环境？
- 您认为自己的游戏体验和孩子们的游戏体验有什么相似之处？
- 您将如何把这些游戏迁移到自己的工作中？
- 您想做什么？您需要做什么？

顺利完成第一阶段和第二阶段培训的人可以参加第三阶段的游戏教练培训计划。参与者成为了早期开端计划游戏教练工作网的一部分，定期组织活动分享他们的游戏经验并继续提高他们作为教练的技能。他们还分享了各自指导过的游戏活动的报告，包括照片、参与者日志和相关的专业读物。报告包括对一系列问题的答复，其中包括：

- 请描述您的游戏事件。
- 您的希望和预期是什么？
- 您意识到什么结果？
- 在游戏开始之前，进行过程中以及游戏结束后，您需要处理哪些问题？

在第三阶段培训后的头4个月，6个小组总共举办了10次工作坊，有家长、教师、协调员和其他工作人员参加。教练谈到了不同参与者对第一次工作坊的不同期待。

◎我的目标就是顺利完成第一步——注册……我认为自己不会被录取，因为这貌似是专门为老师组织的活动，而我只是家长……但他们竟然接受了我。

——一名家长

◎承认孩子的存在，对孩子游戏的方式更加敏感，在一个放松的环境中作为一个团队一起游戏。

——一名教育协调员

◎通过我在课堂上的观察，我觉得老师会对时间、材料的数量和质量、材料的质地、多样性的重要程度有更好的理解。我期待着这样的效果能出现，事实上结果也的确如我所愿。

——一名社会服务协调员

教练分享了以下收获。

◎我联系的所有老师现在都在教室里使用更多的感知觉材料。这很奇妙，因为以前没有感官游戏。现在我知道每天都有感官游戏在进行，老师也在谈论他们想要做更多的事情。

——一名教育协调员

◎我真心认为游戏能帮助参加培训的人更好地了解孩子们、孩子们所处的环境以及孩子们的游戏。我的确是千真万确地看到了这一效果。当参与者和孩子们一起玩的时候，当他们和孩子们聊天的时候，当他们重新布置环境的时候，当他们想要把什么东西带到房间里玩的时候，我都能看到这些变化。

——一名教育协调员

以下是经验丰富的游戏教练认为最核心的一些要素。

◎对于教练来说，要学会接收"随波逐流"。这里提到的"流"是一种感觉。不管你的参与者是什么感觉，不管他们想做什么，不管他们想给这次体验带来什么，无论多或少，都是可以的。

——一名教育协调员

◎建立一个非评价性的环境，多投放材料少制定规则（仅制定最基本的规则），例如：不说话，做你自己。

——一名家长

这种专业发展培训的形式是体验式的、个性化的和变革性的。每个人都有自己的风格、兴趣、能力和需求，每个人作为个体都会受到认可和尊重，每个人都能通过动态的开放性游戏体验到认可、接受和欣赏。在整个过程中，教练的一言一行都反映了对孩子们而言颇具发展适宜性的做法和建议。

游戏培训项目的发展和早期开端计划项目的研究是专业价值得到体现的有力证据。游戏工作坊和游戏教练培训项目已经持续多年，并发展成各种各样的形式，包括两个小时的工作坊、游戏研讨会和峰会、幼儿教育学院，以及为期一周的沉浸式游戏体验及反思。我们已经证明，那些完成了第一阶段和第二阶段训练计划的人可以将这种专业发展模式复制迁移到他人的游戏环节中。

俄亥俄州林德赫斯特的霍肯学校

每年夏天，俄亥俄州的私立学校霍肯学校都会举办一次幼儿教师研讨会。2010年，自我教育学院应邀为该地区的幼儿教师举办了一个游戏工作坊。该校幼儿教育主管玛丽·贝斯·希尔伯恩和幼儿园教师盖尔·霍尔茨分享了他们经历中的一些亮点。玛丽·贝斯·希尔伯恩有以下这样的回忆。

◎ 当成人被给予时间和空间，用各种各样的材料独立操作时，能量的转换让人大开眼界。我注意到许多参与者几乎迎来了精神上的觉醒，因为他们似乎是通过自己的游戏来重温自己生活的一部分的。事实上，当参与者在结束一天活动离开工作坊回到各自的家里之后，常会反馈说参加游戏工作坊是一次变革性的体验。

作为游戏工作坊的实践成果之一，盖尔将独自游戏融入了她的课堂常规中，她开始收集更多低结构材料与自己班级的孩子们一起使用，并邀请家长自愿参与课堂游戏。她提到：当孩子们发现自己的父母在游戏区玩耍时，他们的反应是如此激动，备受鼓舞。

参加游戏工作坊的其他教师也获得了各自的理解和深刻的自我发现，并将其应用到了专业实践中。他们通过以下日志分享了各自的想法。

◎ 作为一名教师，这次经历使我更加重视为孩子们提供足够的时间去探索，去摆弄，去创造，自由地运用他们的灵感去学习和发现。

◎ 我了解到孩子们需要感官体验来放松和平静自己，动手操作、身体接触是至关重要的。

◎ 我注意到我在问自己"如果"的问题，并对我已有的认知结构进行了调整。当自认为自己已经做得够多够好时，我就会开始新的工作和思考。

◢ 北卡罗来纳州罗利市的马波斯儿童博物馆

游戏体验对个人深远的影响常常会刺激人们作出具体的反应。位于北卡罗来纳州罗利市的马波斯儿童博物馆就是这样一个例子。黛安·罗库斯基参加了2011

年全美幼教协会在位于罗德岛州普罗维登斯市的职业发展学院的一次游戏体验活动，这次经历激发了她将这种创造性游戏体验带到博物馆的灵感。自我教育学院为博物馆全体工作人员进行了为期两天的操作性游戏培训。

参与者包括管理人员和那些在博物馆里扮演游戏角色的人。培训目标如下：

- 通过有趣的亲身体验加深团队成员对儿童游戏的理解。
- 提供创造性的策略，团队成员可以由此加深儿童在博物馆的游戏体验。
- 通过提高成员的角色意识、明确儿童对游戏的需求以及组织这类活动来强化每个团队成员的主人翁意识。
- 从儿童博物馆的独特视角而非从普通教师/教室的角度来进行培训。

博物馆团队的参与者写了与其他游戏工作坊参与者类似的反思日志。他们认可了个人在独自游戏中的洞察力，明白了游戏是如何与自己的专业实践相联系的，以下是他们中有代表性的评论。

◎这次培训让我想到重视孩子们的意见和想法是多么重要。一个人自娱自乐、不受打扰地做自己想做的事，这种感觉很美好。我想知道孩子们在不得不分享一切的"展览会"上是什么样子的，真的有必要每件事都合作吗？

◎这显然是一种解决问题的有效方法。这次培训还帮助我在繁忙的一天结束后学会退一步审视自己，让自己冷静地面对这一天，以一种更专注、更内省的方式来对待生活以及生活中遇到的各类问题。

初始培训结束的六个月后，自我教育学院对参与者进行回访，调查培训给他们的最难忘的回忆是什么？培训是如何影响他们的日常工作的？从培训中获得的见解至今是否依旧持续产生共鸣？培训是如何影响团队建设工作的？参与者被要求描述他们的经历并与他人分享。

调查结果显示：参与者认为独自游戏、反思、合作游戏，以及意识到独自游戏和合作游戏之间的巨大差异，是这次体验中最令人难忘的方面。长期的专业实践训练的结果包括知道如何玩、怎样欣赏材料的价值、更加重视过程而非结果，同时强化欣赏他人创造力的意识。参与者还指出，尊重儿童的需要或想要游戏的时间，能够理解并非所有儿童在社会交往中都是独立或相互依赖的，这是非常重要且影响深远的见解。

培训也促进了团队建设。参与者反思如何发现同事的创造力，如何与同事建立更融洽的关系以及如何在工作环境中变得更有趣。他们将游戏体验描述为治疗性的、冥想式的、放松的、令人惊喜的、无固定组织模式且无拘无束的、充满创造力和想象力的、独创性的。

同济会俱乐部的青少年辅导项目

国际同济会敏锐地意识到，早期学习对人类健康发展和人生成功至关重要。对于年幼的孩子们来说，早期学习是他们必须优先考虑的事情。国际同济会支持利用低结构材料开展游戏活动的想法。同济会可可海滩高中俱乐部计划让青少年在创造性的合作游戏中指导更小的孩子，用可回收资源中心的可循环使用材料搭建作品。该项目始于2005年的佛罗里达州的同济会会议，当时孩子们和同济会的主要俱乐部成员都在玩可回收材料。青少年和更小的孩子之间的相互作用是一个惊人的成功，激励着同济会青少年辅导项目的领导人扩大他们的项目，将六年级前的学龄儿童保育和早期开端计划包括在内。

俱乐部的主要成员参加了由当地同济会分会主办的一系列游戏工作坊。在合作游戏及独自游戏中，他们玩可回收的材料并记录下各自的游戏体验。这些工作坊为当地青少年在附近的罗斯福小学的课后项目中，带领更小的孩子一起游戏做了准备。当游戏环节开始时，青少年给孩子们的唯一指示就是分小组一起玩，合作创建一个共同的作品。当孩子们用泡沫管、积木、光亮的织物和塑料瓶盖等可回收材料进行富有想象力的游戏时，他们便为自己小组的项目达成了一个共同的愿景。他们轮流为小组作品添置细节，共同合作解决结构性问题。

罗斯福计划的协调人凯西·库尔说："孩子们在游戏的时候注意力会更加集

中，孩子们认识到自己需要与他人一起合作玩游戏时，他们能做得更好更多。我认为游戏是一种基本的学习技能。当父母来接子女时，他们将会看到孩子们对自己所取得的成就所表达出的喜悦和兴奋，这有助于父母将游戏视为一项重要的教学活动。

一位高中生提出了以下见解。

◎ 小朋友们非常专注于他们自己的个人想象，即使是在小组里，他们也能一起玩建构游戏。他们能理解彼此的想法，这真的很神奇。小朋友们共同搭建了一个简单的建构作品，但在他们每个人的脑海中，这件作品都是属于自己的。

简·朱蒂-米勒，时任国际儿童同济会首席协调员，讲述了她的经历。

我亲身体验过游戏的魔力！想象在一个安静的、没有家具的房间中，地板上是一堆堆五颜六色的积木，各种大小的木块，有图案的实心材料，一瓶一瓶的纽扣，一盒一盒的吸管，木制的数字模型，等等。我看到一群人……我看到孩子们将不同颜色、不同形状的物品分类。堆叠积木、弯曲吸管、用不同的材料装扮自己的作品。我看到孩子们分享和探索，集体中自然而然会出现领导者的角色，内向的孩子慢慢加入集体，然后一起创造。我在活动中看见了精细动作的发展，看到了协调能力、创造力和想象力的发展。

能看到孩子们通过游戏来学习，看到成人深刻意识到游戏对早期学习和发展的作用，这是多么棒的经历。游戏真是太神奇啦！

小结

在这一章中,我们着重介绍了一些合作伙伴利用亲身实践来促进儿童学习和发展的真实案例,看到了如何在自主游戏的工作坊中使用可回收资源中心提供的低结构材料来激发创造力。自我教育学院游戏教练培训项目是由早期开端计划培训模式发展而来的,旨在培养当今和未来的游戏领军者。各类组织在自主游戏过程中获益,也由此推动了专业发展的变革。每一种伙伴关系都表明,有意识地发展和培养牢固的联系是多么重要,这有助于产生系统性的变化,帮助游戏在儿童教育过程中恢复其应有的地位。

第十章
行动倡议书

　　游戏是变革性的，因为它代表了人们为了维护自己，对抗并改变外部世界干扰因素所做的努力，这样做是为了理解现实的本质和个体在不同环境中的控制力。直截了当地说，游戏本质上是一个关于理解和控制的项目（Henricks，2010，192）。

激励我们提倡游戏

梅兹罗和泰勒（2009，29）将变革性学习描述为对个人成长和行动的召唤。在这个过程中，个体使用批判性思维来质疑自己的假设和观点，然后对信念、价值观和自我概念进行反思判断。我们已经注意到，自主游戏是一个能够使成人改变他们个人生活和专业实践的过程。我们认为第二章所述的游戏原则不仅适用于游戏体验，也适用于一般生活。

在第九章中，我们展示了一些例子来说明个体如何通过自主游戏的体验过程来影响当地社区的其他人。自主游戏对个体转变的影响往往会激发更多有组织的成长和行动热情，从而导致更大规模的游戏宣传。有许多案例表明，个人对游戏倡导的努力如何在专业实践中引起更广泛的成长和变化，并影响各个团体和组织设计、实施相关项目，以此为儿童带来更积极的影响。本章将详细介绍这些案例，希望能以此推动游戏宣传运动的进程。

用实际行动倡导游戏

匹兹堡的故事

宾夕法尼亚州匹兹堡的游戏倡导运动通过两位关键人物深思熟虑的战略规划，在多个方面取得了进展，她们是：匹兹堡幼教协会的执行董事米歇尔·菲格勒和匹兹堡大学的教育咨询师厄尼·德托瑞。首先，通过企业合作和资金支持，匹兹堡幼教协会和阿勒格尼家庭支持中心为社区儿童及该地区的家长和企业创办了一个游戏学会。这项倡导工作示范了早期教育项目如何与企业和社区组织合作，以提供更高质量的专业发展，引导成人重视游戏的重要性。

其次，嘉宝和亨氏基金会、米歇尔·菲格勒、自我教育学院和匹兹堡儿童博物馆联合起来支持开放性游戏，促进高质量的专业发展。这个故事的独特之处在于，它展示了个体对游戏的热情如何推动社区、地方、州和全美层面的宣传工作。

加强为儿童服务的社区联系

对我来说，能为孩子们提供有目的的游戏体验就是意义非凡的活动；这些经历让我能够观察和评估孩子们的学习情况。我永远不会忘记学区助理督学对我进行评估的那一天。当时我在一所公立学校的幼儿特殊教育教室里教书。整整一个上午，他都在观察我的教学团队和学生在做什么。我们在科学区玩了橡皮泥，在感知桌上玩了各种各样的叶子，一群孩子在烤南瓜面包，在语言区的写作中心，孩子们在创造他们自己的社会故事。我为我的团队当天计划并成功实施的活动感到自豪，活动结束后孩子们带着满脸的喜悦离开了。

当我坐下来与助理督学汇报情况时，他说："我没看到你在教什么知识。"就在那一刻，我意识到游戏并不是每个人都能理解的，不仅是普通大众，对许多教育界人士也是如此，我迫切地想要成为捍卫儿童日常生活中游戏权利运动的一份子。

12年后，当我开始担任匹兹堡地区儿童教育协会的执行理事时，关于儿童早期游戏的争论仍然很普遍。匹兹堡是许多大学和教师的故乡，他们是全美幼教协会游戏、政策和实践论坛的先驱。这座城市还有一个强大的慈善社区，帮助宾夕法尼亚州建立了完善的幼儿教育体系。在这里，游戏不仅仅是幼儿教育工作者谈论的话题。

匹兹堡已经从一个钢铁之城转变为一个技术之城。科技领袖和非儿童领域的大学教授出现在公共媒体上，讨论创造力、好奇心以及游戏对工作场所和成人生活的重要性。匹兹堡幼教协会与来自不同领域的领导人合作,设计了一个儿童和成人都能快乐游戏的城市。大匹兹堡地区现在不仅是许多游乐场的所在地(这得益于嘉宝基金会和亨氏捐赠基金的支持),也是一块践行理想的试验田。它不但联结着不同的儿童护理中心,也提供对专业发展的有力支持。

匹兹堡幼教协会还与商界领袖和大学教授举行圆桌会议,以促进游戏和创造力的发展,这是培养受过良好教育和富有生产力的劳动者的关键。这种看似不太可能有交集的各类游戏倡导者的跨界合作,将有助于形成新的教育政策,并确保游戏被视为学习的关键。所有希望有一个美好未来的部门必须为此通力合作、共同努力。因为众所周知,创新一直是生产力的驱动力量。

最近,我参加了伊娃·坦斯基·布卢姆科学技术实验室在当地早期开端计划项目的开幕式,这是太平洋邻里协会成长基金的礼物。实验室里充满了儿童和成人通过游戏来学习的实践经验。很明显,实验室的设计者们了解孩子们是如何学习的。当一个孩子把球滚下重力斜坡时,太平洋邻里协会成长基金的一位高管俯下身来对我说:"这是物理学。学龄前儿童在游戏中就能感知到这些经验,这是多棒的事情啊!"这句话使我回想起当年那位助理督学的评价。看来我们已经教会了人们一些有价值的东西。让我们继续游戏吧。

——米歇尔·菲格勒
匹兹堡幼教协会执行董事

用欧尼·德托瑞的话来说:

◎通过开展匹兹堡幼教协会及全美幼教协会的游戏、政策和实践兴趣论坛以及自我教育学院组织的系列活动,全美层面的合作得以继续。游戏倡导者们已经在两个全美会议上进行了联合发言,目前正在计划今后的会议。全美幼教协会,全美幼教协会游戏、政策和实践兴

> 趣论坛、自我教育学院等机构都致力于加强与儿童博物馆的现有联系，各方也都在围绕关于游戏的现有政策展开深刻的思考与讨论。在地方、区域和州范围内，匹兹堡幼教协会加强了聚焦游戏的专业发展。有专业发展需求的社区伙伴包括早期开端计划、学前教育计划、家访及父母参与计划、基督教青年会及儿童图书管理员计划。匹兹堡幼教协会在星火项目（为儿童和青年提供学习和机会的网络）、社区小组论坛以及幼教峰会上也有很好的代表性。

霍肯学校的故事

第九章介绍了俄亥俄州林德赫斯特的霍肯学校，在那里，两个人的游戏体验最终导致了整个学校的变化。自从2010年玛丽·贝斯·希尔伯恩和盖尔·霍尔茨参加了一个游戏工作坊以来，她们一直在学校组织中积极地倡导游戏。玛丽·贝斯·希尔伯恩作为学校的幼儿教育部主任，说她现在很重视我们给社区的成人提供的游戏机会，希望把游戏的想法定期引入到会议中。

根据玛丽·贝斯·希尔伯恩和盖尔·霍尔茨的游戏经历，霍肯学校实施了以下措施：

- 家庭艺术活动——孩子们和父母一起创造艺术，探索艺术媒介，而不是像在博物馆里那样只是简单地观看孩子们的艺术作品。一个典型的例子是用纸做漂亮的图案，类似于在埃瑞克·卡尔的书中发现的图画。
- 家庭游戏活动——邀请成人和孩子们一起玩。
- 家长教育之夜——家长（不带孩子们）探索坡道、小路和电路设计。
- 家长志愿者——家长成为孩子们的游戏伙伴。
- 教师发展——教师体验自主游戏，熟悉室内和室外大肌肉运动的相关设备。

加利福尼亚州的故事

如第八章所述，2010年秋天，加利福尼亚州幼教协会在加利福尼亚州圣何塞举办了一场游戏研讨会。在亲身体验游戏的过程中，参与者凯西·拉米雷斯（2012年加利福尼亚州幼教协会的副会长）受到鼓舞，成为她所在当地的分支机构——南加利福尼亚州山谷儿童教育协会的一名积极的游戏倡导者。她开始向董事会成员寻求帮助，收集游戏过程中需要使用的材料。之后，他们都接受了游戏工作坊的培训。如今他们每三个月就会给大学生、家长团体和教师举办一次区域工作坊。

正如凯西所言：

◎我觉得游戏需要在成人的层面上被理解和接纳，这样才能清楚地阐释游戏对我们所服务的家庭的重要性。通过接触这些材料，教育者有机会更深刻、更有意义地理解游戏在我们所有人的生活中的重要性。随着我们锲而不舍、坚持不懈地继续举行相关的演讲宣传活动，接触并影响更多的个人和不同的生活方式，我们就能更好地分享孩子们每天都在做的精彩的活动，更好地阐释让孩子们有游戏的机会是多么重要。

亚利桑那州凤凰城的故事

芭芭拉·布莱洛克的工作已经成为亚利桑那州凤凰城地区游戏倡议行动的动力。自2007年以来，芭芭拉通过一家名为"珍惜教师"的非盈利组织为教师收集免费和低成本的游戏材料。此外，她还为该地区的游戏工作坊提供各种便利。芭芭拉回忆起一次这样的培训，50名从幼儿园到三年级的不同年龄段的孩子们在教师的观察下探索低结构材料。活动结束后，教师对孩子们在游戏过程中表现出的创造性、深思熟虑、细心和极度投入表示惊讶。一位教师惊叹："我简直不敢相信他们已经具备了如此丰富的能力。我看到了问题解决、因果关系、数学、拼写、科学和戏剧表演等能力。我好想和他们一起玩！"

正如芭芭拉所言：

> ◎我的梦想和目标是继续为各个年龄段的人在生活的各个方面带来游戏，帮助他们理解游戏的重要性。我把亚利桑那州倡导游戏的同事们聚集在一起，开始了我们共同的旅程。我们正在筹划在亚利桑那州举办一场游戏研讨会。研讨会的目标是在全州范围内分享游戏的重要性及价值，我们期待看到那些对所有人都被赋予均等游戏权利这一事实感到惊讶的人们的精彩表情。

在本章中，我们分享了一些重要的实践形式，在这些不同类型的实践过程中，自发的游戏体验点燃了个体和组织对游戏的热情。匹兹堡是一个很好的例子，说明了来自私营企业和公共组织的社区成员如何通过共同努力，倡导儿童生活中的游戏权利。在霍肯学校，游戏的经历激发了教师让家长与孩子们进行更积极有趣互动的想法；在这个过程中，家长对游戏的价值有了更深刻的理解。在加利福尼亚州，一个人对游戏的热情引发了低结构材料的收集运动，推动了游戏工作坊的深入培训，最后为家庭、教师和学生举办了游戏工作坊。在凤凰城，一个人参与到游戏工作坊中，催生了一个非营利性材料中心的成立，为家庭和儿童举办了游戏工作坊，并积极组织其他倡导者继续宣传游戏对所有人的重要性，而这种重要性与年龄无关。

行动倡议书中的建议简介

在2011年提交给全美幼教协会董事会的一份报告中，我们提出了几项建议，希望进一步发挥全美和州一级的宣传作用。在此将简要介绍报告中的建议部分（完整建议见附录）。

1. 在职前教育和在职教育中，鼓励和支持以实践为基点，以过程为导向，以游戏训练为特色的幼儿教师专业发展。

2. 鼓励和支持正在进行的研究，以确定自主游戏是以何种方式聚焦于专业发展、加强专业实践和建立有弹性的组织形式（包括发展新成员）的。研究是优化游戏政策和实践的关键。

3. 鼓励和支持州、地方附属游戏委员会（游戏、政策和实践兴趣论坛的前身）作为组织机构的重要组成部分。

4. 鼓励和支持家长亲身参与自主游戏的相关培训，并将此作为一种有效的策略。告知并帮助家长理解游戏在他们孩子的生活、家庭幸福和一生中的重要性。

5. 鼓励和发展商业伙伴关系，将其作为推进环保、促进专业发展的支持系统，从而不断提供低结构材料。

6. 鼓励幼教协会附属机构、自我教育学院与其他有资质的幼儿培训组织合作，发展专业的游戏教练队伍。

7. 鼓励和支持游戏、政策和实践联盟领导力网络的发展，致力于加强游戏研究、推动游戏政策和实践（Nell和Drew，2011，2526）。

这些建议提出了在全美、州和地方各级层面开展游戏宣传的具体方法，肯定了许多已经在全美各地持续发挥作用的措施，并提倡加大力度继续推广这些行之有效的努力。

为什么要提倡游戏

福禄贝尔、皮亚杰和维果茨基等诸多儿童早期教育领域的奠基人，都主张将游戏作为帮助儿童理解世界的重要工具。我们响应他们的号召，继续推进游戏倡导运动，继续努力恢复游戏在早期儿童课程里的中心地位。孩子们在实践中学习，从而建立强大的自我认识。我们提倡游戏，因为我们理解游戏对儿童和成人的生活有着非凡的价值。通过游戏，孩子们能够验证假设并考虑结果的有效性；这些结果成为在其他情况下可以再利用的背景知识。这就是孩子们通过游戏来了解他们的世界的过程。

对"为什么要提倡游戏"这一问题最好和最优雅的回答方式可以引用教育家伊丽莎白·皮博迪的话（1886，16）："在所有必须要做的事情中，对人类幼儿的培养是最神圣的，因为这一阶段的孩子们处在生命早期，其发展很大程度上依赖于教育者的引导。为什么要让这一珍贵阶段仓促而过呢？莫非被其他不值一提的次要目标所误导了？"

实际上，正如皮博迪所指出的，为什么教育内容包罗万象却独独少了最神圣最重要的动机？这些最神圣最重要的动机包括游戏的运用，孩子们在游戏中进行尝试、进行新的角色、调查问题，所有这些都是在自我发起的游戏过程中进行的，自主游戏有利于营造一个安全的探索氛围。孩子们可以在更高的水平上表达自己的想法，并在其他情况下利用他们通过游戏学到的经验。

正如萨顿-史密斯（2007）指出的那样：游戏是乐观的源泉。梅耶斯基（2012，141）进一步阐述了创造性游戏在促进情绪情感健康发展方面的重要性，认为创造性游戏是儿童形成积极自我形象的第一步：

> 在游戏活动中，没有对错之分。孩子们不会面临失败的威胁。他们学会将自己视为有能力的游戏者。即使事情不顺利，也没有多少压力。因此，儿童通过创造性游戏，学会把自己看作是成功的、有价值的人。

正如本书所讨论的那样，幼儿教师可以推动儿童、家庭和社区成员对游戏的态度、信念和价值观发生深刻的变化。萨顿-史密斯所说的乐观主义和梅耶斯基所详述的情绪情感健康都源自并超越于游戏体验。

自我实现的动机

图10.1展示了我们对亚伯拉罕·马斯洛的需要层次理论的运用。为了达成自我实现的目标，我们必须满足五个层次的人类需求。从低级需要向高级需要看，

第一个需要层次包括基本的生理需求，如呼吸、食物、水、住所和睡眠。第二个层次，在个体能够进入下一个层次之前，必须满足物质和经济上的安全需要。第三个层次包括归属感和爱的需要。第四个层次是尊重，这意味着自尊、自信、成就、尊重他人和被他人尊重。第五层次就是我们强调的：自我实现。在自我实现的层面，人们会体验到道德、创造力、自发性、解决问题的能力、公正、接受自己和自己生活的世界。

> 马斯洛（1943，382）解释道：一个人想成为什么样的人，他终将会成为这样的人。我们可以将这种需要称之为自我实现。它指的是自我实现的欲望，也就是说，人倾向于实现潜在的自我。这种倾向可以表述为一种愿望，那就是变得越来越像理想中的自己，尽可能实现自己潜在的一切可能性。

图10.1 马斯洛的需要层次理论

通过开放性、操作性的游戏，个体或组织都能看到他们自身的潜力，成为他们可以成为也必将成为的人或组织。参与游戏体验的人们后期持续不断的努力表明了游戏的深远影响。正如我们在本书中所探讨的：游戏过程适用于儿童以及与儿童一起工作的成人（教师或家长）。现在我们还能用游戏来抚慰老人，甚至包括那些被诊断出罹患阿兹海默症的患者。正如在第二章游戏原则中所强调的：自主游戏的过程中会产生一种创造性的能量，这种能量可以帮助参与者将获得的新经验和新感悟应用到游戏空间之外的现实生活中。一旦被这种能量重新点燃，个体就会体验到无限的希望和可能性。

真诚地希望本书能为各位读者提供些许真知灼见，但我们也明白纸上得来终觉浅，绝知此事要恭行的道理。因此我们诚挚地邀请您一起玩游戏。通过游戏这个无言的奇迹，我们不仅能加深对自己的认识，也能对他人及周围世界有更好的理解。

参考文献

Anderson, J.R., & W.J. Doherty. 2005. "Democratic Community Initiatives: The Case of the Overscheduled Child." *Family Relations* 54 (5): 654–655.

Ansari, K. 2012. "Overscheduled Families: When Is It Enough?" *Islamic Horizons* 41 (2): 51–53.

Baker, W., A. Leitman, F. Page, A. Sharkey, & M. Suhd. 1971. "The Creative Environment Workshop." *Young Children* 26 (4): 219–223.

Brown, S. 2009. "Brain Research." In *The Wisdom of Play: How Children Learn to Make Sense of the World*, ed. Community Playthings, 10. Rifton, NY: Community Products, LLC. http://www.communityplaythings.com/resources/articles/RoomPlanning/WisdomOfPlay.pdf.

Brown, S., & C. Vaughn. 2009. *Play: How It Shapes the Brain, Opens the Imagination, and Invigorates the Soul*. New York: Avery Publishing.

Chalufour, I., W.F. Drew, & S. Waite-Stupiansky. 2003. "Learning to Play Again: A Constructivist Workshop for Adults," *Beyond the Journal, Young Children on the Web* (May): 1–9. http://www.naeyc.org/files/yc/file/200305/ConstructWorkshops_Chalufour.pdf.

Chalufour, I., & K. Worth. 2004. *Building Structures With Young Children*. St. Paul, MN: Redleaf Press.

Charman, T., S. Baron-Cohen, J. Swettenham, G. Baird, A. Drew, & A. Cox. 2003. "Predicting Language Outcomes in Infants With Autism and Pervasive Developmental Disorder." *International Journal of Language and Communication Disorders* 38, 265–285.

Chouinard, M.N. 2007. "Children's Questions: A Mechanism for Cognitive Development." Serial no. 286. *Monographs of the Society for Research in Child Development* 73 (1): 1–129.

CASEL (Collaborative for the Advancement of Social and Emotional Learning). *What Is Social and Emotional Learning (SEL)?* http://casel.org/why-it-matters/what-is-sel.

Conner, B., & S. Slear. 2009. "Emotional Intelligence and Anxiety; Emotional Intelligence and Resiliency." *International Journal of Learning* 16 (1): 249–261.

Copple, C., & S. Bredekamp, eds. 2009. *Developmentally Appropriate Practice in Early Childhood Programs Serving Children from Birth Through Age 8*. 3rd ed. Washington, DC: NAEYC.

Copple, C., S. Bredekamp, With J. Gonzalez-Mena. 2011. *Basics of Developmentally Appropriate Practice: An Introduction for Teachers of Infants and Toddlers*. Washington, DC: NAEYC.

Csikszentmihalyi, M. 1996. *Creativity: Flow and the Psychology of Discovery and Invention*. New York: HarperCollins.

Darling-Hammond, L., A. Amrein-Beardsley, E. Haertel, & J. Rothstein. 2012. "Evaluating Teacher Evaluation." *Phi Delta Kappan* 93 (6): 8–15.

Dewey, J. [1938] 1997. *Experience and Education*. New York: Free Press.

Duckworth, E.R. 1964. "Piaget Rediscovered." *Journal of Research in Science Teaching* 2 (3): 172–175. http://onlinelibrary.wiley.com/doi/10.1002/tea.3660020305/pdf.

Duckworth, E. 2006. *The Having of Wonderful Ideas and Other Essays on Teaching and Learning.* New York: Teachers College Press.

Edwards, C., L. Gandini, & G. Forman. 1993. *The Hundred Languages of Children: The Reggio Emilia Approach to Early Childhood Education.* Norwood, NJ: Ablex.

Edwards, C., L. Gandini, & G. Forman. 1998. *The Hundred Languages of Children: The Reggio Emilia Approach—Advanced Reflections.* 2nd ed. Greenwich, CT: Ablex.

Eisner, E. 2003. "The Misunderstood Role of the Arts in Human Development." In *Art Beyond Sight: A Resource Guide to Art, Creativity, and Visual Impairment*, eds. E.S. Axel & N.S. Levent. New York: Art Education for the Blind, Inc. (AEB); New York: American Foundation for the Blind (AFB).

Elkind, D. 2001. *The Hurried Child.* 3rd ed. Cambridge, MA: Perseus.

Elkind, D. 2004. "Thanks for the Memory: The Lasting Value of True Play." In *Spotlight on Young Children and Play*, ed. D. Koralek, 36–41. Washington, DC: NAEYC.

Epstein, A.S. 2009. *Me, You, Us: Social-Emotional Learning in Preschool.* Ypsilanti, MI: HighScope Press; Washington, DC: NAEYC.

Erikson, E.H. 1997. *The Life Cycle Completed.* Extended version. New York: Norton.

Erikson, J.M. 1988. *Wisdom and the Senses: The Way of Creativity.* New York: Norton.

Feldman, D.H., & A.C. Benjamin. 2006. "Creativity and Education: An American Retrospective." *Cambridge Journal of Education* 36 (3): 319–336.

Froebel, F. [1887] 2005. *The Education of Man.* Translated and annotated by W.N. Hailmann. Mineola, NY: Dover Publications.

Fuller, B. 1972. *Intuition.* New York: Doubleday.

Galinsky, E. 2010. *Mind in the Making: The Seven Essential Life Skills Every Child Needs.* New York: HarperCollins.

Gallahue, D.L., & J.C. Ozmun. 2006. "Motor Development in Young Children." In *Handbook of Research on the Education of Young Children*, eds. B. Spodek & O. Saracho, 105–120. Mahwah, NJ: Lawrence Erlbaum.

Gardner, H. 1983. *Frames of Mind: The Theory of Multiple Intelligences.* New York: Basic Books.

Gardner, H. 2011. *The Unschooled Mind: How Children Think and How Schools Should Teach.* New York: Basic Books.

Gardner, H., & S. Moran. 2006. "The Science of Multiple Intelligences Theory: A Response to Lynn Waterhouse." *Educational Psychologist* 41 (4): 227–232.

Genishi, C., & A.H. Dyson. 2009. *Children, Language and Literacy: Diverse Learners in Diverse Times.* New York: Teachers College Press; Washington, DC: NAEYC.

Ginsburg, K.R., & American Academy of Pediatrics, Committee on Communications and Committee on Psychosocial Aspects of Child and Family Health. 2007. "The Importance of Play in Promoting Healthy Child Development and Maintaining Strong Parent-Child Bonds." *Pediatrics* 119 (1): 182–191. http://pediatrics.aappublications.org/content/119/1/182.full.

Goleman, D. 1995. *Emotional Intelligence.* New York: Bantam.

Goleman, D. 2005. *Emotional Intelligence: Why It Can Matter More Than IQ.* 10th anniversary edition. New York: Bantam.

Goleman, D., P. Kaufman, & M. Ray. 1992. *The Creative Spirit.* New York: Plume.

Gordon, G., & S. Esbjorn-Hargens. 2007. "Are We Having Fun Yet? An Exploration of the Transformative Power of Play." *Journal of Humanistic Psychology* 47 (198): 209–210.

Guilford, J.P. 1950. "Creativity." *American Psychologist* 5 (9): 445–454.

Hatch, J.A. 2012. "Teacher Research in Early Childhood Settings: Needed Now More than Ever." In *Our Inquiry, Our Practice: Undertaking, Supporting, and Learning from Early Childhood Teacher Research(ers)*, eds. G. Perry, B. Henderson, & D.R. Meier, viii–ix. Washington, DC: NAEYC.

Hawkins, D. 2002. *The Informed Vision: Essays on Learning and Human Nature.* New York:

Agathon.

Henricks, T. 2010. "Play as Ascending Meaning Revisited." In *Play as Engagement and Communication*, ed. E. E. Nwokah, 189–216. Volume 10 of *Play & Culture Studies*. Lanham, MD: University Press of America.

Himmele, P., & W. Himmele. 2009. *The Language-Rich Classroom: A Research-Based Framework for Teaching English Language Learners*. Alexandria, VA: ASCD.

Interstate Teacher Assessment and Support Consortium (InTASC). 2011. *InTASC Model Core Teaching Standard: A Resource for State Dialogue*. http://www.ccsso.org/Documents/2011/InTASC_Model_Core_Teaching_Standards_2011.pdf.

Jaquith, A., D. Mindich, R.C. Wei, & L. Darling-Hammond. 2010. *Teacher Professional Learning in the United States: Case Studies of State Policies and Strategies*. Oxford, OH: Learning Forward.

Jarrett, O., & S. Waite-Stupiansky. 2009. "Recess—It's Indispensable!" *Young Children* 64 (5): 66–69.

Jensen, E. 2005. *Teaching with the Brain in Mind*. 2nd ed. Alexandria, VA: ASCD.

Jones, E. 2007. *Teaching Adults Revisited: Active Learning for Early Childhood Educators*. Washington, DC: NAEYC.

Jones, E., & R.M. Cooper. 2006. *Playing to Get Smart*. New York: Teachers College Press.

Jones, E., & G. Reynolds. 2011. *The Play's the Thing: Teachers' Roles in Children's Play*. 2nd ed. New York: Teachers College Press.

Leitman, A. 1968. *Structures*. Newton, MA: Educational Development Center.

Levin, D.E. 2011. "Beyond Remote-Controlled Teaching and Learning: The Special Challenge of Helping Children Construct Knowledge Today." *Exchange* (May/June), 59–62.

Levin, D.E. forthcoming. *Beyond Remote-Controlled Childhood: Teaching Young Children in the Media Age*. Washington, DC: NAEYC.

Lewis, R. 2009. "Imagination." In *The Wisdom of Play: How Children Learn to Make Sense of the World*, ed. Community Playthings, 8–9. Rifton, NY: Community Products, LLC. http://www.communityplaythings.com/resources/articles/RoomPlanning/WisdomOfPlay.pdf.

Lifter, K., E.J. Mason, & E.E. Barton. 2011. "Children's Play: Where We Have Been and Where We Could Go." *Journal of Early Intervention* 33(4), 281–297.

Limb, C.J., & A.R. Braun. 2008. "Neural Substrates of Spontaneous Musical Performances: An fMRI Study of Jazz Improvisation." *PLoS ONE* 3 (2): e1679.

Lyons, C.A. 2003. "The Role of Emotion in Memory and Comprehension." In *Teaching for Comprehension in Reading K–2*, eds. G.S. Pinnell & P.L. Scharer, 55–74. New York: Scholastic.

Maccoby, M., & T. Scudder. 2011. "Strategic Intelligence: A Conceptual System of Leadership for Change." *Performance Improvement* 50 (3): 32–40.

Maslow, A.H. 1943. "A Theory of Human Motivation." *Psychological Review* 50 (4): 370–396.

Mayesky, M. 2012. *Creative Activities for Young Children*. 10th ed. Belmont, CA: Wadsworth/Cengage Learning.

McGrath, I. 2006. "Using Insights from Teacher Metaphors." *Journal of Education for Teaching* 32 (3): 303–317.

McNiff, S. 1998. *Trust the Process: An Artist's Guide to Letting Go*. Boston: Shambhala.

Mezirow, J., & E.W. Taylor, eds. 2009. *Transformative Learning in Practice: Insights from Community, Workplace, and Higher Education*. San Francisco, CA: Jossey-Bass.

Milteer, R.M., Ginsburg, K.R., & American Academy of Pediatrics, Council on Communications and Media Committee on Psychosocial Aspects of Child and Family Health. 2012. "The Importance of Play in Promoting Healthy Child Development and Maintaining Strong Parent-Child Bonds: Focus on Children in Poverty." *Pediatrics* 129 (1): e204–e213. http://pediatrics.aappublications.org/content/129/1/e204.full.

Monighan-Nourot, P., B. Scales, J. Van Hoorn, & M. Almy. 1987. *Looking at Children's Play: A*

Bridge Between Theory and Practice. New York: Teachers College Press.

NAEYC. 2008. "Why . . . Reusable Resources?" *Teaching Young Children* 1 (2): 24.

NAEYC. 2009. "Developmentally Appropriate Practice in Early Childhood Programs Serving Children from Birth Through Age 8." Position statement. Washington, DC: Author. http://www.naeyc.org/files/naeyc/file/positions/position%20statement%20Web.pdf.

NAEYC. 2009. "NAEYC Standards for Early Childhood Professional Preparation." Position statement. Washington, DC: NAEYC. http://www.naeyc.org/files/naeyc/files/2009%20Professional%20Prep%20stdsRevised%204_12.pdf.

NAEYC. 2011. "2010 NAEYC Standards for Initial & Advanced Early Childhood Professional Preparation Programs." Position statement. Washington, DC: NAEYC. http://www.naeyc.org/ecada/files/ecada/file/Standards/NAEYC%20Initial%20and%20Advanced%20Standards%203_2012.pdf.

National Art Education Association. 1994. *The National Visual Arts Standards.* Reston, VA: NAEA. http://www.arteducators.org/store/NAEA_Natl_Visual_Standards1.pdf.

NBPTS (National Board for Professional Teaching Standards). 2012. *Early Childhood Generalist Standards,* 3rd ed. Arlington, VA: NBPTS. http://www.nbpts.org/userfiles/file/Early_Childhood_7_3_12.pdf.

NCATE (National Council for Accreditation of Teacher Education). 2010. *Transforming Teacher Education Through Clinical Practice: A National Strategy to Prepare Effective Teachers.* Report of the Blue Ribbon Panel on Clinical Preparation and Partnerships for Improved Student Learning. Washington, DC: NCATE. http://www.ncate.org/Public/ResearchReports/NCATEInitiatives/BlueRibbonPanel/tabid/715/Default.aspx

Nell, M.L., & W.F. Drew. 2011. *Hands, Heart, & Mind® National Association for the Education of Young Children Affiliate Play Symposiums Outcomes Report.* Melbourne, FL: Institute for Self Active Education.

Palmer, P.J. 2007. *The Courage to Teach: Exploring the Inner Landscape of a Teacher's Life.* 10th anniversary ed. San Francisco, CA: Jossey-Bass.

Parker, D. 2007. *Planning for Inquiry: It's Not an Oxymoron!* Urbana, IL: National Council of Teachers of English.

Peabody, E.P. [1886] 1975. *Last Evening With Allston, and Other Papers.* New York: AMS Press.

Piaget, J. 1962. *Play, Dreams, and Imitation in Childhood.* New York: W.W. Norton & Co.

Piaget, J., & B. Inhelder. 1969. *The Psychology of the Child.* New York: Basic Books.

Plucker, J.A., R.A. Beghetto, & G.T. Dow. 2004. "Why Isn't Creativity More Important to Educational Psychologists? Potentials, Pitfalls, and Future Directions in Creativity Research." *Educational Psychologist* 39 (2): 83–96.

Public Schools of North Carolina. 2011. *Arts Education.* Raleigh, NC: NC State Board of Education. http://www.ncpublicschools.org/curriculum/artsed/scos/intro/purpose.

Puckett, M., J. Black, D. Wittmer, & S. Petersen. 2009. *The Young Child: Development From Prebirth Through Age Eight.* 5th ed. Upper Saddle River, NJ: Merrill/Pearson.

Ransohoff, K. 2006. *Elijah's Palace.* Available from www.krquilt.com.

Reeves, D.B. 2004. *Accountability for Learning: How Teachers and School Leaders Can Take Charge.* Alexandria, VA: ASCD.

Respress, T., & G. Lutfi. 2006. "Whole Brain Learning: The Fine Arts With Students at Risk." *Reclaiming Children and Youth* 15 (1): 24–31.

Richardson, G.E. 2002. "The Metatheory of Resilience and Resiliency." *Journal of Clinical Psychology* 58 (3): 307–321.

Robinson, S.K. 2011. *Out of Our Minds: Learning to Be Creative.* 2nd ed. West Sussex, UK: Capstone Publishing.

Schweinhart, L. 2009. "Active Learning." In *The Wisdom of Play: How Children Learn to Make Sense of the World,* ed. Community Playthings, 16. Rifton, NY: Community Products, LLC.

http://www.communityplaythings.com/resources/articles/RoomPlanning/WisdomOfPlay.pdf.

Seaward, B. 2002. *Managing Stress: Principles and Strategies for Health and Well-Being.* 3rd ed. Burlington, MA: Jones & Bartlett.

Simoncini, K., & N. Caltabiono. 2012. "Young School-Aged Children's Behavior and Their Participation in Extra-Curricular Activities." *Australasian Journal of Early Childhood* 37 (2): 35–42.

Sousa, D.A. 2011. *How the Brain Learns.* 4th ed. Thousand Oaks, CA: Corwin.

Spears, L.C., ed. 1995. *Reflections on Leadership: How Robert K. Greenleaf's Theory of Servant-Leadership Influenced Today's Top Management Thinkers.* New York: Wiley & Sons.

Sutton-Smith, B. 1997. *The Ambiguity of Play.* Cambridge, MA: Harvard University Press.

Sutton-Smith, B. 2007. "Play as the Survival Source of Optimism and Origination." Paper presented at the Florida Association for the Education of Young Children Annual Conference, Orlando, FL, September 27.

Taylor, E.W. 2009. "Fostering Transformative Learning." In *Transformative Learning in Practice: Insights from Community, Workplace, and Higher Education*, eds. E.W. Taylor & J. Mezirow, 3–17. San Francisco, CA: Jossey-Bass.

Topal, C.W., & L. Gandini. 1999. *Beautiful Stuff! Learning With Found Materials.* Worcester, MA: Davis Publications.

Tunis, D. 2011. "Thrift Shop Purchases Enhance Children's Learning." *Teaching Young Children* 5 (1): 23–24.

Vygotsky, L. 1978. *Mind in Society: The Development of Higher Psychological Processes.* Cambridge, MA: Harvard University Press.

Wilson, F.R. 1998. *The Hand: How Its Use Shapes the Brain, Language, and Human Culture.* New York: Vintage.

Wolin, S.J., & S. Wolin. 1994. *The Resilient Self.* New York: Villard Books.

附　录
可回收资源中心

美国及其他地区的可回收资源中心列表资源可以在 www.lancastercreativereuse.org/directory-creative-reuse-centers.html 上找到。尽管所有这些中心或项目都提供了从当地企业收集或个人捐赠的材料，但每个中心都有自己的规则和限制。一些项目只对公立学校的教师开放，一些只对艺术家开放，还有一些对整个社区开放。有些项目是由私人基金会和公司捐赠支持的，有些是只对会员身份开放的。一些资源中心由领薪工作人员管理，而另一些中心则完全由志愿者运营。

可回收资源中心协会（www.reuseresources.org）提供关于如何创建可回收资源中心的培训和技术支持。

阅读分享

以下文章关于使用低结构材料进行自主游戏。这些文章可以在 www.ISAEplay.org 上阅读（在资源"Resources"一栏中），也可访问该网站以阅读更多文章。

Chalufour, I., W.F. Drew, & S.Waite-Stupiansky. 2003. "Learning to Play Again: A Constructivist Workshop for Adults," *Beyond the Journal, Young Children on the Web* (May): 1–9.

Drew, W.F. 1995. "Recycled Materials: Tools for Creative Thinking." *Early Childhood Today* (9) 5: 36–43.

Drew, W.F. 2007. "Endless Possibilities." *Scholastic Parent & Child* 14 (6): 54–56.

Drew, W.F. 2007. "Make Way for Play." *Scholastic Parent & Child* 14 (8): 40–46.

Drew, W.F. 2007. "Play, Recyclables, and Teen Mentoring: Fostering Social Skills in an After-School Program." *Beyond the Journal, Young Children on the Web,* March, 1–2.

Drew, W.F. 2008. "A Happy Talent." *Tomorrow's Child* 16 (4): 24–25.

Drew, W.F. 2008. "Perspective for Developing a Statewide Play, Policy, and Practice Interest Forum as Part of the Early Childhood Association of Florida (AEYC)." Paper presented at the NAEYC National Institute for Early Childhood Professional Development, New Orleans, Louisiana, June 8.

Drew, W.F., J. Christie, J.E. Johnson, A.M. Meckley, & M.L. Nell. 2008. "Constructive Play: A Value-Added Strategy for Meeting Early Learning Standards." *Young Children* 63 (4): 38–44.

Drew, W.F., J. Johnson, E. Ersay, J. Christie, L. Cohen, H. Sharapan, L. Plaster, N.Q. Ong, & S. Blandford. 2006. "Block Play and Performance Standards: Using Unstructured Materials to Teach Academic Content." Paper presented at the NAEYC Annual Conference, Atlanta, Georgia, November.

Drew, W.F. & B. Rankin. 2004. "Promoting Creativity for Life Using Open-Ended Materials." *Young Children* 59 (4): 38–45.

Friedman, S. 2007. "Coming Together for Children: Six Community Partnerships Make a Difference." *Young Children* 62 (2): 34–41.

Klugman, E. "Why Intergenerational Play?" Poster presented at the International Working Forum of the Global Collaborative OnDesign for Children, The World Forum Foundation, University of Berkeley, CA, June 27–29, 2012.

Nell, M.L., & W.F. Drew. 2009. "Playing: The Possibilities for All Ages." *IPA/USA Quarterly*, Fall, 10–12.

Nell, M.L., & W.F. Drew. 2009. *Principles of Self Active Play.* Institute for Self Active Education. http://www.isaeplay.org/Resource_Articles/Play_Principles.pdf.

Nell, M.L., & W.F. Drew. 2010. "Hands, Heart, & Mind NAEYC Play Symposiums: A Collaborative Report of Outcomes." Paper submitted to NAEYC, October.

Nell, M.L. & W.F. Drew. 2011. "Transforming Professional Practice Through Self-Active Play."

Child Care Exchange May/June: 55–58.

Nell, M., W. Drew, B. Rankin, B. Merrill, E. Klugman, & G. Simmons. 2011. "NAEYC Affiliate Successes: Building Play Leadership and Advocacy." *Young Children* 66 (1): 64–67.

Olds, H. & W.F. Drew. 2009. "Iconic Pattern Play: Building Cognitive Skills through Physical and Technical Play." *The Creative Educator* 6:18–20.

Student Interest Forum. 2011. "NAEYC Affiliate Successes. Building Play Leadership and Advocacy." *Young Children* 66 (1): 64–67. www.naeyc.org/yc/columns.

The Summer 2010 and Fall 2011 issues of *CONNECTIONS* journal are also available. *CONNECTIONS* is published by the Play, Policy, and Practice Interest Forum of the National Association for the Education of Young Children.

关于游戏研讨会的行动纲领和倡议

我们向全美幼教协会董事会提交了一份《手、心、脑®全国幼儿教育协会附属游戏研讨会》的报告,其中附了一份言简意赅的摘要和若干建议,以便在全美和州的层面上进一步开展游戏宣传工作。以下内容摘自该报告的摘要、对未来的影响建议部分。

摘要

手,心,脑®游戏研讨会研发了一个独特且愉快的专业发展工具,以加强全美幼教协会引领下的各州和地方附属机构的游戏研究、政策制定、实践和领导力培训工作。

全美幼教协会附属机构和会员关系部门在倡导和支持以经验为中心的专业发展过程中,起到了非常重要的作用。以经验为中心的专业发展过程与幼儿教育领域推荐的发展适宜性理念相一致。此外,全美幼教协会附属机构和会员关系部门的积极参与还提供了一种新的运营支持模式,这种模式证明了州政府附属机构如何反过来促进和支持地方附属机构的高质量游戏活动。

正如本合作报告和2011年1月出版的《幼儿》一书中所述,"附属机构的成功依赖于加强并倡导游戏领导力"。有令人信服的证据表明,经过深思熟虑的指导,成人使用低结构材料进行自主游戏是一种有效的专业发展策略,可以提高教师的知识水平,加强在附属机构内的游戏领导力。这个专业发展过程包含了诸多有效的策略,例如侧重于特定的课程,精心设计的参与活动,来自教练或其他榜样的支持,并与教师的团队工作密切联系(Jaquith等,2010,12)。

参与者"眼界大开"的情感体验的益处超越了使用游戏和操作性资源来提升孩子们在具体学习领域（如读写、数学和科学）表现的益处。参与者将自己深切感受到的游戏与更好地理解并引导儿童游戏的方式联系起来。参与者拓展了他们对游戏的理解，明白了游戏如何促进更广泛的生活技能的发展，正如爱伦·加林斯基在《思维正在萌发中——儿童成长所需的七项基本能力》一书中提出的观点，这些能力包括：专注力和自控力、换位思考的能力、交流能力、建立联系的能力、批判性思考的能力、迎接挑战的能力、自主投入学习的能力。

根据布鲁姆的分类法，思维能力包括知识、理解、应用、分析、综合与评价，所有这些都发生在游戏者参加游戏并对其价值和重要性进行判断的过程中。通过反思日志上的许多评论、讨论和采访，我们看到参与者证实了他们对游戏价值的内心感受。当参与者在情感上明确感知事物价值的程度越强烈时，他们就越有可能产生积极行动的结果。

在游戏研讨会中进行的研究表明，教师认为家长是"推进将游戏作为学习手段"这一行动过程中的主要障碍之一。游戏研讨会是一个非常有效的模式，很容易被附属机构学习和复制，以提醒并教育家长及教师。这种觉醒有助于为家长提供一个理想的机会——受邀成为全美幼教协会的成员。

游戏态度调查工具（PASI）显示，参与者认为游戏知识对于影响儿童教育策略的制定者（家长、教师和其他成人）而言至关重要。针对于此，自我教育学院与几个州的附属机构合作，开发了一个试点项目，该项目被称为"家长游戏教育项目"。该项目旨在为家长提供操作性游戏的实践经验，通过这些经验，家长可以建构游戏的相关知识，发展游戏技巧，也有利于形成更为积极的游戏态度，变得更加重视并倡导孩子们玩的权利。另一个名为"请让我的孩子玩起来"的项目，就是我们附属游戏研讨会直接努力的结果。"请让我的孩子玩起来"的全美媒体宣传活动正在启动，研讨会与其他几个全美组织合作，以期共同促进家长的游戏教育活动。

对未来的影响

附属机构的游戏研讨会用行动证明了当全美和州级的附属机构联手并与论

坛一起努力工作时会发生什么。研讨会主办方继续报告与会者的积极成果、新参与项目成员的发展和支持、新的用来联系其社区内决策者的方式以及游戏在幼儿日常体验中的价值和重要性。当幼儿教育工作者寻找理由加入他们的州附属机构时，游戏能激发潜在成员的热情。游戏研讨会的经验也使州幼教协会及其附属机构在促进全美发展适宜性实践方面发挥着领导作用，并有机会指导引领其他州级系统。

随着研讨会和相关的高质量游戏倡议在各个州的发展与推广，社区的游戏者越来越希望使游戏成为幼儿最自然的体验和课程的中心。人们对未来的期待是希望建立一个消息通达的游戏团体基础上的，这个游戏团体里不仅包括幼儿教育工作者，还包括家长、商业领袖和公务员，他们都能理解并重视儿童、成人和家庭生活中的游戏。

建议

我们的愿景是继续建立各级幼教协会附属机构的质量领导方案，以期对全美幼教协会所有附属机构组织的操作性专业发展游戏培训提供更大更积极主动的支持。以下倡议是作为一种积极的协作策略而提出的，它将全美、州和地方附属机构与论坛联系起来，从而统整各方力量、明确行动意图，以期加强整个全美幼教协会团队的力量。

我们敦促全美幼教协会董事会及其工作人员以下面这些方式予以支持。

1. 在职前教育和在职教育中，鼓励和支持以实践为基点，以过程为导向，以游戏训练为特色的幼儿专业发展。

这个以证据为基础的最佳实践方案与发展适宜性实践以及优质员工培训程序是一致的，该方案由美国教育部长阿恩·邓肯推荐，通过力争上游，有利于全美层面的儿童早期标准与各州的儿童早期标准保持一致，以此提倡更为积极的参与式教学（Copple 和 Bredekamp，2009）。

2. 鼓励和支持正在进行的研究，以确定自主游戏是以何种方式聚焦于专业发展、加强专业实践和建立有弹性的组织形式（包括发展新成员）的。

研究是优化游戏政策和实践的关键。有必要进行高质量的研究，以证实游戏在课堂实践和专业发展中的重要性。绝大多数参与游戏研讨会的参与者表示，他们愿意参与游戏态度调查，参与这个正在进行的研究项目，共同探讨游戏研讨会如何影响他们的专业实践和各自的生活。此外，幼教协会附属机构的执行董事和董事会成员报告了他们组织目标的实际收益，包括加强与社区组织的合作以及使参加研讨会的人成为全美幼教协会的新成员。

3. 鼓励和支持州、地方附属游戏委员会（游戏、政策和实践兴趣论坛的前身）作为组织架构的重要组成部分。

目前的游戏研究与游戏实践之间存在着巨大的鸿沟。发展适宜性实践把高质量的游戏作为幼儿课程的中心，然而游戏的价值却被许多家长和政策制定者，以及许多教师和管理人员所低估甚至忽略。游戏委员会的工作目的主要聚焦于激发幼教协会各州附属机构的游戏兴趣和促进游戏领导力的提升。作为游戏研讨会的推动结果，州幼教协会附属游戏委员会现在已经在佛罗里达州、爱荷华州和内华达州建立了分支机构。

4. 鼓励和支持家长亲身参与自主游戏，并将此作为一种有效的策略。告知并帮助家长理解游戏在他们孩子的生活、家庭幸福和一生中的重要性。

全美幼教协会游戏研讨会的研究报告用实际证据清楚地表明：教师普遍认为家长是在幼儿教育中推行游戏活动的主要障碍。家长缺乏理解"游戏是如何促进教育"以及"游戏和人类健康发展之间的密切关系"的相关知识。

这一事实使得在课堂上推进高质量的游戏化学习面临着巨大的困境。一个被证明行之有效的，用来帮助家长建立游戏和教育之间的联系的策略是：让家长自身先沉浸在自己精心设计、参与的操作性游戏训练中。这一实践符合全美幼教协会预想的2015年的愿景和专业发展过程。这种有意义的培训关系是邀请家长成为全美幼教协会成员的绝佳机会（Ginsburg等，2007）。

5. 鼓励和发展商业伙伴关系，将其作为推进环保、促进专业发展的支持系统，从而不断提供低结构材料。

不少企业在生产过程中难免会产生大量不想要的副产品以及超支、过时或废弃的材料，并需要支付昂贵的费用来处理它们。当地的商业和工业组织会赠送竹子、塑料环、不同形状的泡沫块、管子、织物、纱线、木材、金属线、纸以及许多其他东西，这些东西能吸引并激发孩子们和教师的创造力。这既是一种高质量的绿色发展战略，又能支持创造性的学习，当孩子们用这些东西来计算、排序、堆叠、建构、制作书籍、尝试艺术创造、进行积极的科学和数学探究时，他们会计划、观察、思考到底发生了什么。

材料的使用可以让孩子们及其家庭成员以一种全新的视角来看待可回收材料。他们将了解到材料可以有多种用途。例如一张粉红色的泡沫纸变成了玩具屋的地毯；纽扣和瓶盖是可以根据大小、颜色和形状进行分类的完美材料。各个家庭将不会再像以前一样只是简单地扔掉或替换掉一些废旧物品，取而代之的做法可能是把这些可回收材料捐赠给这个项目或者在家里找到它们的新用途（全美幼教协会，2008）。

6. 鼓励幼教协会附属机构、自我教育学院与其他有资质的幼儿培训组织合作，发展专业的游戏教练队伍。

作为一种促进发展适宜性实践的手段，合格的游戏教练正在他们各自的社区内传递实际的自主游戏的经验。佛罗里达州和爱荷华州是培养创新型加盟游戏教练的先驱地。游戏教练的培养有助于弥合当前游戏理论研究和游戏专业实践之间的巨大鸿沟。

7. 鼓励和支持游戏、政策和实践联盟领导力网络的发展，致力于加强游戏研究、推动游戏政策制定和专业实践。

这个领导力网络的重点是识别和分享在州和地方发生的成功的游戏案例。以下附属机构的各位领导人共同参与游戏、政策和实践兴趣论坛，携手推进这一倡议：苏珊娜·盖伦斯，佛罗里达州幼教协会执行董事；巴吉·兰金，新墨西哥州幼教协会执行董事；芭芭拉·梅里尔，爱荷华州幼教协会执行董事；维罗妮卡·普拉姆，阿拉斯加州幼教协会；凯西·拉米瑞兹，加利福尼亚州幼教协会；格雷格·斯蒂文斯，马里兰州幼教协会；杰米·布拉泽斯，内华达州幼教协会；欧尼·德托雷，匹兹堡幼教协会。

本书作者关于游戏空间的观点

　　我们，本书作者，不仅是教师，也是游戏的参与者。就像其他参与自主游戏的教师一样，当我们进入游戏空间时，我们会感知到许多想法、情感，也会自觉具有洞察力。其中的许多想法、体验在我们离开游戏空间后仍与我们同在，从我们自身及他人的游戏体验中获得的见解促成了我们在教学实践中的许多变化。正如我们强调的，是这种体验使曾经表面的理解和深层的、可迁移的知识之间有所区别。在这里，在第二章中概述的自主游戏原则的背景下，我们分享游戏经验对我们个人发展及职业生活的意义。

原则1

　　游戏是创造力的源泉，是一种积极的力量，也是建构有意义的自我认知和重振人类精神的安全环境。 我们深刻地明白，当我们进入和离开游戏空间时，我们的精神将为之一振，我们会被鼓励更深入地探寻生活和工作的意义，我们会更好地理解自己是谁，在游戏空间之外，较好地维持我们不懈探索的能量水平，并使自己创造的意识增强，我们所有的感官将会更加活跃且更有自主性。

原则2

　　用低结构材料进行操作性游戏和艺术创作，可以重新连接个人早期的生活，自发唤起深层的内心感受，如希望、意志、目标、能力、忠诚、爱、关怀和智慧。 当进入和离开游戏空间时，我们知道自己会想起那些发生在我们早期生活中的重要时刻和事件。我们将重新体验那些时刻，更全面地理解它们的意义；我们将对那些记忆中的情景、人物或背景产生新的认识。

▎原则3 ▎

游戏空间是一种存在的状态，是游戏参与者独自或与他人一起基于之前的经验和对安全感及信任感的理解来建构的。尽管我们自身在游戏空间中已经历了蜕变和恢复，但我们知道，其他游戏参与者也需要这种安全感和信任感，考虑到这一点，我们愿意分享这些经历。虽然早期的生活经历可能会阻碍一部分游戏参与者体验时安全感或信任感的产生，但游戏空间可以满足这些基本的需求。当参与者开始在他们的探索中感到安全时，他们就能够尽情地游戏。当他们学会信任自己的玩伴时，他们会授予自己冒险的权力。他们不仅可以任意探索，还拥有协助定义游戏规则的自由。

▎原则4 ▎

游戏空间内的体验会对游戏空间产生强烈的反作用，如被保护的感觉、回归的渴望，以及对更深入地理解和探索自我意识的渴求。当我们在共同创造的游戏空间中感到安全并信任其他游戏玩伴时，我们会对自己的游戏体验以及游戏空间产生积极的影响。马斯洛（1943）将"归属感"或成为"某一物体一部分的需要"描述为走向自我实现的重要一步。我们明白自身想要保护自己游戏空间的渴望，我们希望保护它、回归它。我们切切实实地相信：当我们在游戏空间里的时候，会感到安全，会信任别人，会自由探索，会找到一个未曾发觉的更好的自己。

▎原则5 ▎

游戏空间中创造性能量的释放会随着游戏者扮演新的角色而加速，参与者会激动地去探究"下一个角色我要扮演什么"或"接下来我要怎么做"。众所周知，当我们在游戏中追寻一些新的东西，例如新的想法或新的角色，当我们踏入未知时，一定程度上的恐惧会随之而来。这与萨顿-史密斯（1997）所描述的当游戏者发现新的可能性并尝试新的想法时激发的"游戏潜力"很相似。在考虑新角色和新动作时，会有期待的时刻，也会有从纯粹的可能性中变得兴奋的时刻。我们扮演新角色时产生的创造性能量在游戏空间的限制之内和之外都会推动着游戏的发展。

原则 6

游戏是一种能量的来源，它可以激发游戏者与他人以及游戏者之间的积极情感。这些感觉是普遍存在的，并不仅仅局限于游戏空间之内，它们会在游戏参与者结束游戏并回归各自的日常生活后，仍然持续很长时间。 我们知道，个人的游戏体验可能会对他人产生强烈的积极情绪。这些积极的情绪不仅在我们的个人生活中很重要，在我们的专业实践中也是不可或缺的，它让我们在课堂上，在学生中间，在面对父母时，在社区中感受到激情。这些积极情绪成为我们在生活中产生超越游戏空间的积极变化的催化剂。

原则 7

游戏的内在品质引导游戏参与者体验精神的自发性、深度思考、强烈的情感以及对自我直觉的信任。 在游戏过程中，我们希望完全活在当下，对可能产生的新建构的知识敞开心扉。我们希望体验可能产生的强烈情感。通过这样做，我们能更加敏锐地感知到自己内心的声音——通过这一过程，我们可以准确、灵敏地探索并验证自己的自我直觉。自我直觉不仅仅是思维、想法和文字。在游戏中，语言往往不能充分地表达意思。生而为人，我们需要信任那些深刻的想法或感觉，以便据此采取行动。我们相信直觉的自我是有灵性的，是超越了此时此地的，它是通过游戏空间中的智慧和洞察力而不断发展的。

作者简介

玛西娅·内尔博士，宾夕法尼亚州米勒斯维尔市米勒斯维尔大学的助理教授。负责本科生和研究生的早期教育课程，并负责实习教师的管理工作。

玛西娅在公立学校教了25年书。她的研究领域包括持续整个生命周期的游戏和创造力，其中尤为关注老年人（无论这些老人家是否罹患阿尔茨海默症）进行自主游戏的益处。她还研究了学校职业发展模式对教师培训的影响、提高家长教育参与度的价值以及教师培训项目的其他相关领域。

玛西娅同时担任自我教育学院研究与专业发展部门的主任，主持手、心、脑®游戏工作坊及相关座谈会，并为与工作坊相关的游戏研究收集数据。玛西娅还担任了游戏、政策和实践兴趣论坛研究委员会的主席。她已婚，育有四个子女和两个孙辈。

沃特·德鲁博士，在纽约出生长大。他在佛罗里达大学获得教育学学士学位，在南密西西比大学获得基础教育博士学位。他是全美幼教协会游戏、政策和实践兴趣论坛的积极推动者，也是德鲁博士积木探究网站(www.drdrewsblocks.com)的创始人。

沃特曾在佛罗里达州布劳沃德县的一所小学教书，后来在西非塞拉利昂的恩加拉大学担任非洲初级科学项目主任。

沃特和他的妻子吉蒂在波士顿创立了自我教育学院(www.isaeplay.org)。自1975年以来，他率先推动成立可回收资源中心，与当地工商业建立创新的绿色伙伴关系。他组织教师和家长通过专业发展工作坊、游戏座谈会和静思反省来研究游戏，并发展、提升游戏领导技能。

沃特相信，游戏和保持游戏的能力在任何年龄段都能促进身心和谐发展。因此，游戏是构建一个更健康、更有生产力的社会的宝贵资源。沃特和他的妻子育有七个子女和四个孙辈。

黛博拉·布什是一位专业作家和编辑，自2004年以来一直担任自我教育学院的董事会成员。她提倡培养自主游戏的习惯，尤其是对孩子们而言，他们可以从自主游戏中获益良多。